KB188049

옆집의
성인

평신도의 일상 영성

옆집의 성인

2022년 1월 4일 교회인가
2022년 3월 14일 초판 2쇄 발행

지은이 | 박문수
편집 | 이만옥 · 조용종
디자인 | 달바다 design company
펴낸이 | 이문수
펴낸곳 | 바오출판사

등록 | 2004년 1월 9일 제313-2004-000004호
주소 | 서울시 마포구 신수동 448-6 한국출판콘텐츠센터 422-7호
전화 | 02)323-0518 / 문서전송 02)323-0590
전자우편 | baobooks@naver.com

ISBN 978-89-91428-35-5 03230

옆집의 성인

박문수 지음

한국가톨릭문화연구원 ❸

THE SAINTS
NEXT DOOR

평신도의 일상 영성

바오

사회 변화는 보통 내부에서 시작됩니다. 내부에서 축적된 변화의 욕구들로 더 이상 견디기 힘들 때 외부로 표출됩니다. 그리고 외부로 나타난 변화는 저항을 통해 순화되고 조정되어 사회의 제도로서 자리 잡는 것이 일반적입니다. 그러나 꼭 그렇게 진행되는 것만은 아닙니다. 가끔은 변화를 희망하지만 그 욕구가 무르익기도 전에 피해갈 수 없는 외적 환경이 사회의 변화를 이끌어내기도 합니다. 오늘날 전 세계에서 휘몰아치고 있는 코로나 팬데믹이 바로 이러한 사례입니다.

팬데믹 시대, 곧 급격한 변화의 시대에는 '뉴노멀'이라는 새로운 문화와 기준이 형성될 때까지 많은 어려움이 따르기 마련입니다. 그러나 사회 전체를 조망하는 입장에서 보면 모든 변화는 문화로 귀결된다고 할 수 있습니다.

1985년 8월 김수환 추기경님의 후원으로 설립된 '한국가톨릭문화연구원'에서는 이 변화의 방향을 가늠해보고자 2020년

평화방송과 공동으로 〈팬데믹과 한국 가톨릭교회〉라는 주제로 심포지엄을 개최한 바 있습니다. 팬데믹 시대, 그리고 팬데믹 이후post-Pandemic 시대에 교회 역시 급격한 문화 변동을 체험하며 새로운 선교와 사목 패러다임의 필요성에 많이 공감하고 있습니다. 그러므로 정치, 경제, 문화, 사회 등 우리 삶의 모든 분야에서 일어나는 시대적 징표를 제대로 읽어내야 합니다. 우선적으로 이 작업은 교회의 여러 입장에서 시대적 징표를 살펴보고 하느님의 뜻을 찾아내는 일이 선행되어야 합니다. 그리고 이 시대에 그분의 뜻을 실현하기 위한 적합한 신앙실천의 방법론은 '새로운 복음화'와 '새로운 사목'의 실천이라고 생각합니다. 급격한 문화변동의 시대에 보다 구체적인 '새로운 복음화'는 '문화의 복음화'이고, '새로운 사목'은 '문화사목'이라 하겠습니다.

앞으로 '한국가톨릭문화연구원'은 성경, 신학, 철학, 윤리,

영성, 교회사 등 다양한 교회적 시각으로 사회 이슈를 해석하고 분석하여 신앙생활에 도움이 되고자 합니다. 물론 시중에 신앙생활에 도움이 되는 교회서적이 출판되고 있지만 대부분 영성 관련 서적일 뿐 급변하는 일상 문화 안에서 생활하는 신앙인들에게 각각의 문화사회적 현상에 대해 신학적·윤리적 반성과 의미를 제공하는 서적은 매우 드뭅니다. 교회 정신에 입각한 성찰과 반성이 존재할 때 비로소 신앙 실천이 구체화될 수 있습니다. 따라서 '한국가톨릭문화연구원'은 여러 신학자와 윤리신학자, 철학자와 사회학자, 때에 따라서는 인문학자들에게 의뢰하여 소책자 시리즈를 간행할 예정입니다.

누구나 어려움에 처했을 때는 자신의 정체성에 대해 생각하기 마련입니다. 곧 가톨릭 신자, 혹은 이 시대를 살아가는 사람으로서 나는 누구인가 하는 점입니다. 이 시리즈가 여러분에게 신앙과 사회를 다시 생각해볼 수 있는 좋은 기회가 되었으면 좋겠습니다.

2021년 7월
청솔골에서
김민수 이냐시오 신부

청년 시절 우연히 카를 라너 신부님의 『일상日常, Alltägliche Dinge』
을 처음 접하였다. 책을 사자마자 즉시 용감하게 읽어내려 갔
다. 하지만 깊이가 만만치 않아 좌절감을 느꼈던 기억이 새롭
다. 짧고 얇았지만 인생 경륜이 모자랐던 나로서는 이해가 쉽
지 않았던 것이다. 평범한 일상을 신학적으로 깊이 통찰하는
그의 책은 이해력만 요구하는 게 아니었다. 일상이 초월과 연
결되는 끈을 읽어내는 신앙의 눈을 필요로 했다. 그동안 열심
히 노력한 덕에 요즘은 이 책의 묘미를 즐기는 중이다. 이것이
'일상'이 나의 신학과 영성생활의 주제가 된 계기였다.

 이 책이 영성의 관점에서 다시 다가온 계기는 다섯 해 전
'일상 영성'에 관한 글을 쓰면서였다. 머리로는 이해가 되었는
데 책의 주제들을 글로 옮기려 하니 처음 읽었을 때의 좌절감
이 다시 몰려왔다. 영성 수련으로 몸이 터득해야 하는 것이 충
분치 않아서였다. 초월적 측면을 읽어내는 영적인 눈도 아직

밝지 않은 상태였다. 그래도 머리를 쥐어짜가며 글을 완성했다. 하지만 볼수록 어설펐다. 카를 라너를 흉내 낼 단계라 생각했는데 쉽지 않았던 것이다. 역시 책은 아무나 쓰는 게 아니었다. 마음이 쓰렸지만 언제가 다시 도전해보기로 하고 만용을 부렸던 자신을 나무랐다.

언젠가 기회가 올 것이라 생각하고 일상 영성에 관련된 글들을 십여 년 동안 써왔다. 어떤 글은 발표를 위해 또 어떤 글은 언젠가 다른 기회에 사용하기 위해 써놓았다. 그렇게 쓴 글이 논문으로 십여 편 가까이 되었다. 때가 되었는지 어느 날 오지섭 선생이 출판을 제안해왔다. 잠시 망설였지만 그동안 써둔 게 있어 냉큼 대답을 해버렸다. 그래서 그동안 썼던 글들, 막 탈고한 것들을 하나로 묶었다. 여러 번 검토하다보니 다 담을 필요가 없다는 생각이 들었다. 생각 끝에 독자와 대화가 될 만하고, 평신도 영성에서 중요한 주제인 여섯 편만 추렸다. 추린 다음에는 여러 번 다듬었다. 애초에 논문으로 쓴 것이어서 다듬어도 읽기 편한 글이 되지는 않았다. 욕심을 내면 한이 없을 것 같아 일단 이 정도에서 멈추기로 했다. 결국 카를 라너 신부님처럼 짧지만 깊이 있는 글을 써보는 것은 다시 먼 미래의 일이 되었다.

글은 독자들과 대화를 위한 매체지만 무엇보다 자신의 생각을 정리할 수 있는 게 장점이다. 다시 정리하면서 읽다보니 그동안 나의 관심사, 영성생활의 여정이 눈에 들어왔다. 글 속에 나의 지적·영성적 여정에서 느끼고 깨달았던 내용들이 고스란히 담겨 있었다. 하지만 일상의 언어로 누구나 알아들을 수 있는 언어로 이 체험을 표현하기엔 아직 갈 길이 멀었다. 자꾸 쓰다보면 언젠가 그런 날이 오리라!

공교롭게도 한국가톨릭문화연구원에서만 영성 관련 주제로 책을 내게 되었다. 이 책이 『디지털 영성』(2012년)에 이어 두 번째다. 소중한 기회를 주신 김민수 원장 신부님을 비롯한 여러 편집위원 이사님들에게 감사드린다. 나중에 카를 라너 신부님의 『일상』처럼 짧고 얇지만 무거운 깊이를 가진 책을 세 번째로 한국가톨릭문화연구원에서 낼 수 있게 되길 소망한다. 나도 그렇게 무르익어 가면 좋겠다. 마지막으로 이 시리즈를 낼 수 있도록 소중한 정성을 모아주신 한국가톨릭문화연구원의 후원회원들에게도 감사드린다.

2021년 12월
박문수

차례

THE SAINTS
NEXT DOOR

옆집의 성인

제1부

'옆집의 성인'이
되는 길

프란치스코 교황의 교황권고 『기뻐하고 즐거워하여라Gaudete et exultate』(2018년 3월 19일)는 '평신도 영성 지침서'라 불러도 손색이 없는 가르침이다. 실제로 이 교황권고는 교회와 세상 안에서 신자로 거룩하게 살 수 있는 방법을 짧고 쉽게, 그러나 깊이 있게 제시하고 있어 평신도 영성의 교과서로 불린다. 그만큼 평신도들이 반드시 읽어보고 실천의 지침으로 삼아볼 만한 책이다.

누구나 읽고 바로 이해할 수 있을 정도로 쉬운 글이지만 그래도 이해가 어려운 이들을 위해 일상의 예들을 활용해 풀이해보았다. 문헌의 순서를 따라가며 이 문헌의 핵심이 되는 대목만을 해설해보겠다.

성덕의
소명

제1장

'옆집의 성인'

이 교황권고에서 우리 평신도들을 편안하게 해주는 표현 가운데 하나로 '옆집의 성인'이라는 단어가 나온다. '평범한 이웃이 알고 보니 성인일 수도 있다'는 이 말은 우리도 누군가에게는 옆집의 성인이 되어줄 수 있다는 뜻으로 다가온다.

프란치스코 교황은 이 표현을 통해 평신도에게 누구나 성인이 될 수 있다는 자신감을 심어준다. 성인은 남들이 하기 어려운 일을 이룬 분들, 말 그대로 영웅적인 삶을 산 분들만 될 수 있는 것이라는 게 일반적인 생각이다. 그런데 교황은 '무한한 사랑으로 자녀를 키우는 부모, 가족을 부양하기 위해 열심히

일하는 가장들, 환자, 한시도 미소를 잃지 않는 노^老 수도자' 등 우리와 같은 평범한 이들도 성인이라 부른다.(7항) 동네 시장에서 이웃들을 만났을 때 그들과 다른 이웃의 뒷담화를 하지 않는 사람, 완벽하진 않으나 자신들의 잘못과 실패에도 주님을 향하여 꾸준히 나아가는 우리네 어머니, 할머니, 그리고 사랑하는 이웃들도 거룩함으로 나아가는 이들(3항)이라 부른다.

보편적 성화 소명

보편적 성화소명을 '신자라면 누구나 하느님께로부터 거룩하게 살도록 불리었다'고 풀어 쓸 수 있겠다. 여기서 '누구나'는 성직자, 수도자, 평신도 가릴 것 없이 세례 받은 모든 신자를 가리킨다. 세례 받은 신자는 누구나 하느님께 거룩하게 살라는 부르심을 받았다는 뜻이다. 교황은 이 초대를 "어떠한 생활 신분이나 처지에서든, 하느님 아버지께서 완전하신 것처럼 완전한 성덕에 이르도록 저마다 자기 곁에서 주님께 부름을 받습니다"(10항)라고 표현한다.

　이 인용문에서 '저마다 자기 곁에서'라는 표현이 중요한데, 이는 각자 삶의 자리에서 평신도는 평신도대로 수도자는 수도자대로 잘 살아가면 된다는 뜻이다. 우리는 성인전을 읽을 때

흔히 "나는 도저히 저렇게 살 수 없어!" "저런 분들은 처음부터 우리와 다른 은총을 받고 태어나셔서 그러실 수 있었던 거야!" "성직자 수도자들이나 되는 일이지 우리 같은 평신도와는 애초에 거리가 먼 일이야!"라고 말하곤 한다. 그런데 교황은 이런 우리들에게 이 일을 어렵게 생각하지 말고, 자신의 처지에 따라 실천해보도록 권고한다.

각자의 길에서 떠난 성덕 소명 실현의 길

교황은 "도달할 수 없어 보이는 성덕의 표양들 앞에서 … 좌절해서는 안 됩니다"(11항)라고 우리에게 격려를 아끼지 않는다. "나는 안 돼!"라고 말하는 우리에게 성인들의 위대한 모범을 보고 좌절하지 말라고 격려한다.

"그런 표양들은 분명히 도움이 되고 영감을 불러일으키는 증거들이지만, 우리가 그대로 모방해야 한다는 의미는 아닙니다. 이러한 모방은 주님께서 우리를 위하여 염두에 두신 그 유일하고도 특별한 길에서 벗어나게 이끌 수도 있기 때문입니다. 중요한 것은, 신자들이 저마다 자기 길을 식별하고, 하느님께서 각 사람에게 안배해주신 개인적 은사인 자신의 최고 장점을 발휘하는 일입니다. 자신에게 해당되지 않는 어떤 것을 모방하려 애쓰는 것은 사람을 지치게 할 따름입니다."(11항)

교황은 이렇게 좋은 모범을 참조는 하되 그대로 따르려 애쓰지는 말라고 격려한다. 그저 각자 삶의 자리에서 자신이 할 수 있는 만큼 조금씩 조금씩 실천해나가는 것이 중요하다고 가르친다. 내가 가장이라면 이미 가족을 위해 자신을 희생하고 살아가고 있는데 이를 더 깊은 사랑으로, 이웃에 대한 정직함으로 행하는 것이 각자의 길에서 떠나는 방법이라 가르치는 것이다. 무엇이 되기 위해 어디로 떠나거나 다른 신원을 선택할 필요가 없다는 말이다. 지금 있는 그 자리에서 부족하지만 천천히 조금씩 아주 작은 일에 충실함으로써 거룩함으로 나아갈 수 있다는 것이다. 다음 두 마디가 이 가르침을 잘 요약해준다.

"이 성덕은 작은 몸짓들로 점점 자라날 것입니다."(16항)
"우리가 이미 하고 있는 일을 더 완전하게 실천하는 길을 찾는 것으로 충분합니다."(17항)

성인은 홀로 되는 게 아니다!

"하느님께서는 인간 공동체에 존재하는 복잡한 대인 관계의 맥락을 고려하시어 우리를 당신께 이끄십니다. 하느님께서는 한 백성의 삶과 역사 안으로 들어오시고자 하였습니다."(6항)

다들 성인전을 많이 읽으셨을 것이다. 영성 서적도 많이 읽으셨을 테고. 나도 이런 책들을 좋아해 많이 읽었다. 이런 책들을 읽다보면 재미있는 사실을 발견하게 된다. '성인 옆에는 성인을 만드는 사람들이 있다'는 것이다. 진리 아닌 진리다.

성인을 만드는 사람들 가운데는 훌륭한 부모님과 좋은 영적 동반자들도 있다. 하지만 그보다 성인을 힘들게 한 사람들이 더 많다. 성인을 시험하거나 고뇌하게 만드는 인물들이다. 영화나 드라마에서도 착한 주인공 옆에 주인공을 괴롭히는 인물들이 있는 것처럼 말이다.

뜬금없이 이런 말을 하는 것은 그리스도교에서 말하는 성덕(=거룩함)의 특징을 살펴보기 위해서다. 수많은 성인전이 증거하고 있듯이 홀로 고립돼서 살다 성인이 되는 경우는 매우 드물었다. 선한 이든 악한 이든 주변에 있는 사람들 덕에 성인이 되었다. 선한 이는 좋은 모범으로, 악한 이는 극복해야 할 대상, 닮지 않아야 할 대상으로 여겨져 성덕을 닦는 데 도움을 주었다. 내가 보기엔 성인을 힘들게 한 사람들이 오히려 성덕을 닦는 데 더 도움을 준 것 같다.

마치 같은 삼參인데 사람이 키우느냐 야생에서 자라느냐에 따라 인삼과 산삼으로 달라지는 이치라고나 할까. 사실 삼의 씨앗이 자라 산삼이 되려면 긴 세월 자연에서 모진 바람, 추위, 한낮의 뜨거운 햇살, 해충, 다른 식물들과의 경쟁을 이겨내야 한다. 이렇게 조연 역할을 하는 난관들이 있어야 산삼은 인삼에 비해 강한 향과 약성을 띠게 된다. 성인도 그렇다. 성인은 이렇게 사람들 사이에서 나오고, 역사 안에서 탄생한다. 사람들 사이에서 난관을 겪으며 서서히 보석같이 빛나는 덕을 갖추게 된다.

십계명에 나타나는 성덕의 공동체성

'거룩해진다'고 하면 다들 혼자 고행하는 은수자隱修者를 떠올린다. 고상한 목적을 이루려면 세상과 멀어져야 한다고 생각하는 경우가 적지 않다. 물론 이런 방식과 사람들이 꼭 필요하다. 하지만 성덕은 사람들 사이에서 길러진다는 게 교회의 정통 가르침이다.

"성덕 안의 성장은 타인과
나란히 가는 공동체의 여정이다." (141항)

십계명을 예로 들어보자. 1계명 '한 분이신 하느님을 흠숭하여라'와 2계명 '하느님의 이름을 함부로 부르지 마라'는 '하느님 사랑'과 '이웃 사랑' 중 하느님 사랑에 해당한다. 3계명 '주일을 거룩히 지내라'는 하느님 사랑과 이웃 사랑 양쪽 모두에 해당한다. 4계명 '부모에게 효도하여라'에서 10계명 '남의 재물을 탐내지 마라'까지는 이웃 사랑에 해당한다. 이처럼 열 가지 가운데 사람들 사이의 관계에 해당하는 계명들이 여덟 개나 된다.

예수님께서는 하느님에 대한 인간의 의무를 '하느님 사랑'과 '이웃 사랑' 두 가지로 요약하셨는데 이 둘은 본래 나뉘지 않는다. 그러니 '하느님 사랑'을 실천하느라 '이웃 사랑'을 소홀히 할 수밖에 없다는 말은 적어도 우리 교회 가르침에는 맞지 않는다.

여덟 가지 복에 나타나는 성덕의 사회성

예수님이 가르치신 내용의 핵심을 잘 드러내주는 말씀이 산상설교다. 그 가운데서도 '참행복'에 관한 가르침이다(마태 5,3~ 12, 루카 6,20~ 23 참조). 흔히 이를 '팔복'이라 부른다. 예수님께서 복이 있다고 하신 여덟 유형의 사람은 '마음이 가난한 사람, 온유한 사람, 슬퍼하는 사람, 의로움에 주리고 목마른 사람, 자비로운 사람, 마음이 깨끗한 사람, 평화를 이루는 사람, 의로움 때문에 박해를 받는 사람'이다. 이 가운데 어느 유형이 하느님 사랑, 어느 유형이 이웃 사랑에 속할까?

'마음이 가난한 사람'과 '마음이 깨끗한 사람' 정도가 하느님 사랑에 가까울 것 같다. 그러나 나머지 여섯 개와 앞의 두 개도 사실상 사람들 사이에 생기는 일이거나 사회생활에 필요한 덕목이다. 그러니 성덕에 이르는 길은 홀로가 아니라 함께임을 확인할 수 있다.

성화는 사람의 길

신구약의 핵심이 되는 두 가르침 모두 거룩함에 이르는 길이 사회적이고 공동체적임을 가리키고 있다. 프란치스코 교황도 이 권고에서 여덟 가지 '참행복'을 성덕에 이르는 여덟 가지 길이라 가르쳤다. 여덟 개 각각이 다 우리가 거룩해지는 방법이라 하였다. 그동안 우리가 알아왔던 내용과 많이 다르지 않은가? 아마 그렇게 보일 것이다. 하지만 이것이 본래 우리 교회의 가르침이었다. 공동체적이고 사회적으로 살아가는 일을 힘들어 피하다보니 아니라고 생각하였던 것이다. 그래서 이 근본 가르침에서부터 새로 출발해야 한다.

성덕의 교묘한
두 가지 적

제2장

첫 번째 적: 영지주의

"저는 우리를 잘못된 길로 이끌 수 있는 두 가지 그릇된 성
덕의 형태를 언급하고자 합니다. 바로 영지주의와 펠라지우
스주의입니다. … 그들은 복음화하는 대신에 남들을 분석하
고 분류하며 … 두 경우 모두 예수 그리스도나 다른 사람들
에 대하여 참다운 관심이 없습니다."(35항)

책으로 성인 되는 게 아니다!

나는 직업상 책을 많이 읽는다. 그래서 남들로부터 "책을 많이
읽어 좋겠다"는 부러움 섞인 말을 자주 듣는다. 사실 좋은 책

을 읽으면 인생이 즐거우니 이분들의 말이 틀린 건 아니다. 그러나 나의 경우엔 책을 많이 읽었다고 저절로 좋은 사람이 되진 않았다. 영성서적도 누구 못지않게 많이 읽었는데 저절로 성인이 되지 않았다. 가톨릭 영성사를 보더라도 책을 많이 읽거나 학자들이 성인이 되는 경우는 드물었다. 그래서 이렇게 말하게 된다. "책으로 성인되는 게 아니다."

일상에서 만나는 영지주의적 신앙 태도

책을 많이 읽어야 성인이 될 수 있고, 아는 게 많아야 구원받을 수 있다면 이 세상에서 성인이 되거나 구원받을 수 있는 신자는 극소수일 것이다. 글을 모르거나 배움이 적은 신자는 아예 천국 가는 일은 꿈도 꿀 수 없을 것이다. 또 어떤 이들은 구원을 얻으려면 극도의 고행이 필요하다고 주장한다. 그래서 그들은 잠을 적게 자고, 먹는 것도 줄이고, 때로는 몸을 학대하기까지 한다. 기도든 뭐든 남들보다 더 엄격하고 더 많이 해야 한다고 주장한다.(36항) 보통 사람들이 흉내 낼 수 없을 정도로 말이다.

이 두 경우에 속하는 분들이 가진 공통점이 한 가지 있다. 자신이 남들보다 신앙이 두텁고, 남들은 알지 못하는 영적 지혜를 자신만 갖고 있다는 우월감이다. 그리고 이 우월감에 기초해 남을 쉽게 판단하고 가르치려 드는 태도이다.(36항) 프란치스코 교황은 이런 신자들이 가진 태도를 영지주의라고 불렀다. 신앙의 진리를 자신의 지식으로 다 설명할 수 있다고 행세하는 태도도 영지주의라 하였다.

본래 영지주의자들은 영혼과 육체를 엄격히 구분하고, 이 가운데 영혼의 중요성만을 강조하였다. 육을 가혹하게 다뤄 영이 이 욕망에 따르지 않게 될 때라야 '영적 지혜靈智'가 자랄 수 있다고 보았던 것이다. 그리고 강생하신 삼위일체 하느님이 아니라 이 영지가 인간을 구원한다고 믿었다.(43항) 그리하여 그들은 세상과 떨어져 육과 세상을 따르는 이들을 경멸하며 살았다.

영지주의를 넘어서는 참된 신앙의 길

프란치스코 교황은 이런 영지주의를 벗어나는 길을 네 가지로 제시하였다.

첫째, '한 사람의 완덕은 그가 지닌 정보나 지식의 양이 아니라 사랑의 깊이로 가늠된다는 것은 교회사에서 검증된 사실'(37항)이다. 이 말씀은 사랑으로 거룩해지는 것이지 지식이나 말로 거룩해지지 않는다는 뜻이다.

둘째, '이성을 복음의 신학적·윤리적 가르침을 성찰하고자 건전하고 겸손하게 사용해야 한다.'(39항) 이해하고 판단하는 정신 기능이 이성인데, 이 이성을 부정하거나 무익하다고 보지 않는다는 것이다. 이성은 유익하지만 사용할 때 겸손해야 한다는 뜻이다. 좀 안다고 자랑하거나 남을 판단하는 태도를 보이지 말라는 것이다.

셋째, '하느님을 만나는 정확한 시간과 장소가 우리한테 달려 있지 않고 그분께 달려 있음을 볼 줄 아는 눈이 있어야 한다.'(41항) 영지주의자들은 자신이 구원을 조종할 수 있다고 믿는다. 반면 그리스도인은 구원이 하느님에게서 온다고 믿는다. 그래서 '누군가의 삶이 완전히 망가져 우리 눈에 악습이나 중독 때문에 실패한 삶처럼 보일 때도, 하느님께서는 그의 삶에 현존함을 믿고, 우리의 추론보다 성령의 이끄심에 우리 자신을 내 맡길 줄 안다.'(42항)

마지막으로, '삶으로 실천하려 배우는 것이다.'(45항) '우리를 더 나은 사람으로 만드는 것은 통찰洞察이 아니라 우리가 영위하는 삶이라는 사실을 깨달아야 한다.'(47항) 아마 이것이 교황이 이 책에서 우리에게 가장 들려주고 싶은 말씀일 것이다. 나는 이 말씀을 이렇게 달리 표현해보고 싶다. '그의 사람됨은 그의 말이나 지식에 있지 않고 그의 행동에 있다.'

조금 더 일찍 깨달았으면 좋았을 말이다. 정말 그렇다. 지식이나 말로 허영을 부릴 시간에 작은 사랑이라도 실천했다면, 남을 판단하는 대신 그의 좋은 점을 칭찬했다면 지금쯤 우리는 성덕에 더 가까워졌을 것이다. 그러니 이제부터라도 신앙 안에서 배운 것들을 하나라도 실천하도록 노력해야 하리라.

두 번째 적: 펠라지우스주의

> "교회는 우리가 우리의 공로나 노력으로가 아니라 주님의 은총으로 의롭게 된다고 되풀이해서 가르쳐왔습니다. 언제나 먼저 주도하시는 분은 하느님이십니다. … 인간적인 그 어떤 것도 하느님 은총의 선물을 요구하거나 이를 받을 자격이 있거나 돈으로 살 수 없으며, 하느님 은총에 협력할 수 있는 모든 것은 이 은총에 앞서 받은 선물이라고 확고한 권위를 가지고 가르쳤습니다."(52~53항)

자신의 힘으로 구원받는 게 아니다!
교황은 펠라지우스주의를 '자신의 힘만을 믿고, 정해진 규범을 지키거나 과거의 특정한 가톨릭 양식에 완고하게 집착하기 때문에 자신이 다른 이들보다 우월하다고 생각'(49항)하는 태도로 정의하였다.

요즘처럼 다원주의적 종교관이 널리 확산되는 시기에 생각 해볼 만한 말씀이다. '자신의 힘만을 믿는다'는 것은 우리가 잘 아는 자력 구원 신앙을 가리킨다. 자신의 의지와 노력으로 구원받을 수 있다는 생각인 셈이다. 율법주의자들처럼 자신이 다른 신자들보다 더 교회의 가르침을 철저히 따른다는 생각, 과거에 유행했던 고행 방법을 신앙의 조건으로 내세우는 일 등도 이런 태도에 속할 것이다. 문제가 되는 것은 그렇게 실천 하는 모습이 아니라 자신을 기준으로 남을 심판하는 태도다. 이렇게 자신이 남보다 우월하고, 또 자신이 하는 방식으로 해 야 구원을 받는다는 생각이 펠라지우스주의다.

일상에서 만나는 펠라지우스주의

언젠가 들었던 이야기이다. 성령기도회에 다니는 어느 자매 가 철야기도 때마다 두 손을 치켜들고 기도하였다. 그녀는 보 통 두 시간 동안 손을 내리지 않고 기도하였다. 이를 보고 같 이 참여하는 신자들이 그녀를 많이 부러워했다. '저분은 성령 의 특별한 은사를 많이 받았나 보다.' 그런데 어느 날 새로운 자매가 나타나 철야기도 내내 손을 내리지 않고 기도하였다. 그 뒤로 참석자들의 시선이 그 자매를 향하게 되었다. 그러자 두 시간씩 손을 들고 기도했던 자매는 저 사람은 정통이 아니라며 비난을 퍼부었다.

어떤 신자 분은 성찬 전례 때 통로 맨바닥에 무릎을 꿇는다. 한국 천주교회에서는 몸이 아파 일어설 수 없는 경우를 제외하고는 서 있는 것을 원칙으로 하고 있다. 장궤틀이 있는 성당의 경우에는 장궤틀을 사용하기도 한다. 그러나 일부러 통로 맨바닥에 무릎을 꿇으라고 하지는 않는다. 사실 이런 태도를 뭐라 할 일은 아니다. 다만 자신은 재속회 회원으로서 다른 이들보다 더 많이 기도하고 더 엄격히 수련한다는 것을 자랑하며 그리하지 않는 이들을 판단하는 것이 문제일 뿐이다.

펠라지우스주의를 넘어서는 참된 신앙의 길

프란치스코 교황은 먼저 '우리는 거저 의화義化되는 것임'을 강조하였다.(53항) 의로워진다는 것은 더 이상 죄가 없다고 인정받는 것을 가리킨다. 이를 인정해주시는 분은 하느님이시다. 교황은 이 의로움이 우리의 '믿음과 행업'이 아니라 '우리를 초월하고 우리의 활동으로 할 수 없으며 오로지 그분 사랑의 주도권으로 베풀어진 선물임을 자각'(54항)하는 데에서 얻어진다고 하였다. 따라서 이 사실을 이해하고 인정한다면 마땅히 겸손해야 한다. 내가 정한 방법대로 그분이 나를 구원하셔야 하는 게 아니라, 나의 구원은 전적으로 그분이 결정하신다는 생각으로 그분을 믿고 그분의 은총에 맡겨야 하는 것이다.

교황은 두 번째로 '끊임없이 할 수 있는 것은 하고 할 수 없는 것은 청하라'(49항)고 권고하였다. 우리의 나약함은 은총으로 단 한 번에 치유되는 것이 아니어서 '진심으로 아파하고 기도하면서 우리의 한계를 인정함으로써 은총이 우리 안에서 더 효과적으로 작용하도록 도와야 한다'(50항)고 역설하였다. 이는 은총은 거저이니 아무것도 하지 말고 그저 기다리라는 뜻은 아니다. 교황의 말대로 우리가 '할 수 있는 것은 해야 한다.' 다만 이것이 은총을 결정한다고 생각해서는 안 된다. 그분의 권고대로 하느님의 은총이 '우리를 점진적으로 변화시켜 준다는 사실을 받아들이며'(50항) 서두르지 말고 천천히 그분과 하나가 되는 길로 가면 된다.

마지막으로 교황은 교회는 사랑만이 은총의 삶을 성장시킬 수 있다고 가르쳐온 사실을 상기시키며 '우리의 몸을 산 제물로 바치라'고 권고한다.(56항) '사랑으로 행동하는 믿음'을 강조한 것이다.(60항) 이 사랑은 '우리의 모든 형제자매, 특히 가장 작은 이들, 가장 약한 이들, 힘없는 이들, 궁핍한 이들'(61항)을 향하는 것이어야 한다. 하느님께서 이들의 얼굴에 당신의 얼굴을 드러내주고 계시기 때문이다.

스승님의
빛 안에서

"행복 선언은 그리스도인에게 신분증과 같습니다. 그래서 누군가 '훌륭한 그리스도인이 되려면 무엇을 해야 합니까?'하고 묻는다면 그 대답은 명확합니다. 예수님께서 산상 설교에서 하신 말씀을 우리는 각자 저마다의 방식으로 실천해야 한다는 것입니다. 참행복 안에서 우리는 스승님의 얼굴을 발견하고, 날마다 자신의 삶에서 스승님의 얼굴을 드러내도록 부름을 받습니다."(63항)

진정한 거룩함!

교황은 행복선언을 다루는 3장에서 '행복한', '복된'이라는 말을

'거룩한'과 같은 뜻으로 사용하였다.(64항) 이 말에 따르면 행복선언(마태 5,3~12; 루카 6,20~23 참조)에서 '행복'이 곧 '거룩함'이 되는 셈이다. 실제로 교황은 여덟 가지 복을 다 성덕(聖德, 거룩함)이라 불렀다.(70항) 행복선언에 나오는 여덟가지 행복을 모두 거룩함이자 거룩함에 이르는 길로 본 것이다. 그러면서 참행복을 얻는 길의 핵심을 다음과 같이 요약하였다. '하느님과 하느님 말씀에 충실한 이들은 자신을 내어 줌으로써 참행복을 얻는다.'(64항)

거룩함, 비범하고 어려운 길

우리 모두가 경험하는 일이지만 예수님의 가르침대로 사는 일이 결코 쉽지 않다. 아니 정말 어렵다. 그분의 길이 이 세상에서 우리가 살아가고 일하는 방식과 정반대 방향을 향하고 있기 때문이다.(65항) 일례로, 예수님은 왼뺨을 맞으면 오른뺨을 돌려대라고 가르치신다. 그것도 오기로 돌려대면 안 된다고 하신다. 맞으면 같이 때려주고 싶은 게 인지상정인데 앙심을 품지 말고 다른 뺨마저 돌려대라니! '원수를 사랑하라'는 가르침도, 방금 앞에서 본 '자신을 내어줌'도 아무나 할 수 있는 일이 아니다. 나부터도 못하는 일이다.

이런 우리의 약한 모습에 대하여 교황은 다음과 같이 위로의 말을 건넨다.

"성령께서 그 권능으로 우리를 채우시어 우리의 나약함, 이기심, 안일함, 오만에서 우리를 해방시켜주실 때라야 이를 실천할 수 있습니다."(65항)

참으로 안심이 된다. 우리 힘으로 도저히 할 수 없는 일을 성령께서 도우시면 가능하다니 말이다.

그러면 성령께서 우리에게 어떻게 오실 수 있다는 것일까? 이에 대하여도 교황은 "스승님께 마땅한 사랑과 경외를 드리며 다시 한 번 예수님께 귀 기울입시다. 예수님 말씀이 우리를 뒤흔들고 자극하며 우리 삶에 참 변화를 요구할 수 있도록 이를 받아들입시다"(66항)라고 권유한다. 예수님께서 당신의 말씀(=복음)으로 우리를 뒤집어 새로운 존재로 만드실 수 있도록 그분 말씀에 귀를 기울이라는 초대이다.

첫 번째 길: 마음이 가난한 사람

우리는 보통 마음의 가난을 현세의 부富와 관계없는 것으로 이해하는 경향이 있다. "부자도 마음이 가난할 수 있다"는 표현이 대표적이다. 그러나 교황은 이 마음의 가난이 부를 멀리하는 데서 온다고 가르친다.

"부자들은 대체로 자신의 재물에 안심하고, 그 재물을 잃을
위험에 놓이면 현세에서 그들의 삶의 모든 의미가 무너진다고
생각합니다. … 부는 아무것도 보장하지 않습니다. … 삶에서
가장 중요한 것을 누릴 자리를 남겨둘 수 없습니다."(67~68항)

교황은 부자는 자신이 가진 부에 만족하여 하느님 말씀과
우리 형제자매를 향한 사랑을 담을 자리, 또는 삶에서 가장 중
요한 것을 누릴 자리를 남겨둘 수 없을 경우가 대부분이기 때
문이라는 이유로 이리 가르쳤다.(68항) 대신 루카 복음사가가
'마음'의 가난이 아니라 '가난한 이들에 대해 이야기'(루카 6,20
참조)를 하였던 점에 초점을 맞춘다.

"그는 우리가 가장 가난한 이들의 삶, 사도들이 살았던 삶을
공유하고 궁극적으로는 부유하시면서도 '가난하게 되신'(2코
린 8,9) 예수님께 우리 자신을 동화시킬 것을 요청합니다."(70항)

교회사 안에서 이 영적 가난을 자주 현실의 부와 동떨어진
것으로 해석하였던 경향을 의식한 말씀이라 사료된다. 실제로

교황의 이 말씀은 영적 가난이 물질적 가난과 깊이 연결돼 있음을 가리키고 있다. 단순하고 소박한 삶을 살려면 많은 부富가 방해가 된다는 것이다. 물론 교황이 물질적 가난을 이상적으로 본 것은 아니다. 물질적 가난이 지나치면 사람을 피폐하게 만들기 때문이다. 이렇게 인간성을 파괴할 정도의 가난은 죄악이나 다름없다. 따라서 교황이 마음의 가난을 가르칠 때의 핵심은 '단순하고 소박하게 살면서 이웃 사랑을 소홀히 하지 말라는 것'이다. 이런 마음의 가난이 '성덕'이다.

두 번째 길: 온유한 사람들!

"하느님 눈에 드는 거룩함을 추구할 때 우리는 그 복음 구절에서 우리가 그에 따라 판단하게 될 올바른 행동 규칙 하나를 제시하고 있음을 발견합니다. '너희는 내가 굶주렸을 때에 먹을 것을 주었고, 내가 목말랐을 때에 마실 것을 주었으며, 내가 나그네였을 때에 따뜻이 맞아들였다. 또 내가 헐벗었을 때에 입을 것을 주었고, 내가 병들었을 때에 돌보아주었으며, 내가 감옥에 있을 때에 찾아주었다.'"(마태 25,35~36, 95항)

여기서 온유함을 부드러움으로 옮겨볼 수 있겠다. 부드러움은 상대방의 겉모습, 실제로 대화를 나눌 때 상대방 말투와 태도에서 확인할 수 있다. 사실 겉으로 드러나는 부드러움은 내면의 상태를 드러내는 경우일 가능성이 높다. 적어도 내 경험으로는 그렇다.

상대방이 이런 부드러움을 가진 사람이라면 아마 대부분은 그에게 경계심을 품지 않을 것이다. 적어도 그가 나를 해롭게 하지 않을 사람이라는 생각이 드니까 말이다. 게다가 그 모습이 일시적이지 않고 몸에 밴 습관이라면 곧 그를 신뢰하게 될 것이다. 이렇게 부드러움은 우리의 공격성을 누그러뜨리고 상대방의 마음을 열 수 있는 힘이 있다.

교황은 이 부드러움이 "하느님께만 신뢰를 두는 사람들의 내적 청빈의 또 다른 표현"(74항)이라 하였다. 그러면서 '너무 온유하면 다른 사람들이 자신을 어리석은 이, 바보, 또는 나약한 이라 생각하지 않을까?' 하고 질문하고, '그럴 수도 있지만 온유한 편이 언제나 더 낫다'고 답한다. 또한 온유한 이들은 하느님께 희망을 두는 이들이기에 땅을 차지하고 큰 평화를 누릴 것이며, 주님께서 이들을 신뢰하실 것이라며 용기를 북돋운다.(74항)

세 번째 길: 슬퍼하는 사람들!

우리는 남의 슬픔과 고통은 물론 자신의 슬픔과 고통도 보고 싫어 하지 않는다. 마치 이 세상에서는 '오락, 재미, 기분 전환, 여가만이 삶을 윤택하게 해주는 것인 양' 살아가려 한다. 그러나 누구의 인생이든, 그리고 세상 어디든 '십자가가 결코 없을 수 없다.'(75항) 슬픔과 고통을 피할 수 있는 곳은 없다.

'슬퍼하는 사람'이라 하니 좋지 않은 일이 있어 슬퍼하는 사람의 모습을 떠올릴지 모르겠다. 그런데 여기서 교황이 말하는 슬퍼하는 사람은 "다른 이들의 고통을 함께 나눌 용기를 낼 수 있고, 고통스러운 상황을 피해 달아나지 않으며, 고통을 겪는 이들을 도와주고 그들의 슬픔을 이해하며 위안을 줌으로써 자기 삶의 의미를 찾는 사람"(76항)이다. 타인의 삶을 자신의 삶으로 여기고, 타인의 슬픔과 고통을 자신의 것으로 여기며 함께해주는 사람이 '슬퍼하는 사람'이라는 것이다.

"다른 사람들과 함께 슬퍼할 줄 아는 것이 곧 성덕입니다."(76항)

네 번째 길: 의로움에 주리고 목마른 사람들!

교황은 '의로움에 주리고 목마르다'는 말씀의 의미를 '열렬히 정의를 바라고, 의로움을 갈망하는 모습'이라 풀이한다. 여기서 정의는 '가장 힘없는 이들을 공정하게 대하고, 억압받는 이들을 보살피며, 고아의 권리를 되찾아주고 과부를 두둔해주는

〈주리고 목마른 예수〉(마태 25,35)

티모시 슈말츠, 2017, 필라델피아

것'(이사 1,17)을 가리킨다.(79항) 흔히 우리가 생각하는 '정의'의
모습이다.

그런데 교황은 예수님이 가르치신 이 정의가 이 세상이 추
구하는 것과는 거리가 있다고 한다. '세상의 정의는 사소한 이
해관계로 훼손되고 자주 조작되며 쉽게 부패의 수렁에 빠지는
특징이 있는'(78항) 반면, 예수님의 정의는 '하느님 뜻에 충실한
것'으로 '사람들이 각자 내리는 결정에서 의로울 때 그들 삶
안에서 이루어지고, 가난한 이들과 약한 이들을 위한 공정을
추구하는 가운데 드러나는 것'이기 때문이라 한다.(79항) 물론
우리의 노력이 언제나 열매를 맺는 것은 아니다. 그럼에도 교
황은 정의를 실현하는 데 협력하는 것이 거룩함에 이르는 길
이 될 것이라 하였다.

다섯 번째 길: 자비로운 사람들!
교황은 자비를 두 가지 측면을 가진 덕목으로 해석하였다. '다
른 이들을 위하여 베풀고 도와주고 봉사하는 측면'과 '다른 이
들을 용서하고 이해하는 측면'이다.(80항) 교황은 이를 다시 "남
이 너희에게 해주기를 바라는 그대로 너희도 남에게 해주어
라"(마태 7,12)는 황금률Golden Rule과 같은 것으로 볼 수 있다고
한다.(80항)

교황은 우리가 자비로운 사람이 되어야 하는 이유를 '넘쳐 흐르게 베풀어주시고 용서해주시는 하느님의 완전하심을 조금이나마 우리 삶에서 재현하는 것'이기 때문이라 한다.(81항) 아울러 '우리가 남을 이해하고 용서하는 데 사용하는 되는 우리가 용서받는 데도 사용될 것이고, 우리가 베푸는 데 사용하는 그 되로 우리가 하늘나라에서 받을 상이 측량될 것'(81항)이라 하며, 이 덕목이 우리의 현실 삶에서 뿐 아니라 다음 세상으로도 이어지는 것임을 강조한다. 그래서 "자비로운 마음으로 보고 행동하는 것이 곧 성덕"(82항)이다.

여섯 번째 길: 마음이 깨끗한 사람들!

성덕(거룩함)은 일종의 무아지경에 빠진다는 의미가 아닙니다. 요한 바오로 2세 성인께서 말씀하셨듯이 "우리가 그리스도에 대한 관상을 통하여 진정 새롭게 출발한다면, 그리스도께서 당신 자신과 동일시하고자 하셨던 바로 그 사람들의 얼굴에서 그분을 뵐 수 있을 것입니다. … 가난한 사람들과 고통 받는 사람들에게서 그분을 알아보라고 한 이 부름은 그리스도의 마음 그 자체, 곧 모든 성인이 닮고자 하는 그분의 심오한 생각과 선택을 드러냅니다."(96항)

명경지수明鏡止水라는 말을 아실 것이다. 이 말은 맑은 호수같이 고요하고 맑은 마음의 상태를 가리킨다. 이러한 마음 상태는 과거에 대한 후회, 미래에 대한 불안이 없고, 불필요한 공상을 하지 않을 때 도달 가능하다. 남에게 잘못하는 일도 없어야 한다. 마음에 거리끼는 일도 하지 않아야 한다. 그러면 이렇게 평화를 누리는 마음이 곧 '깨끗한 마음'일까?

이 교황권고에서 보면 '깨끗한 마음'은 관계에서 떳떳해 '거리낄 게 없는 마음'에 더 가까운 것 같다. 교황은 '거짓을 피하고 미련한 생각을 하지 않는'(지혜 1,5) 사람, '겉치레가 없고 피상적이지 않은 성실한 태도'를 가진 사람, '형제자매들에 대하여 마음에서 우러나오는 헌신을 하는 사람'을 마음이 깨끗한 사람이라 한다.(84~85항) 교황은 이를 다시 '마음으로 하느님과 이웃을 사랑할 때, 이러한 사랑이 공허한 말이 아닌 진정한 원의일 때, 그 마음이 깨끗한 것이고 그런 마음이라야 하느님을 볼 수 있다'(86항)고 가르친다.

일곱 번째 길: 평화를 이루는 사람들!

우리는 평화로울 때보다 갈등이 있을 때 평화를 더 잘 이해한다. 평화가 사라지고 나서야 소중함을 더 깊이 알기 때문일 것이다. 이를테면 이런 경우다. 사이좋은 친구와 어느 날 다퉜다고 생각해보자. 그러면 마음이 많이 불편할 것이다. 이 사태가 절교로 이어진다면 마음이 더 괴로울 것이다. 이 상태가 되면 평소 친구와 잘 지내던 일이 얼마나 고마운 일이었는지 알게 된다. 코로나19로 일상이 무너진 지금, 이전 일상을 그리워하는 것도 비슷한 이치라 하겠다. 아마 전쟁은 일상을 더 고대하게 만들 것이 틀림없고.

교황은 다음과 같은 사람들이 평화를 이루는 사람이라 하였다. "아무도 배척하지 않고", "이웃에게 활짝 열린 정신과 마음을 가졌으며", "갈등을 기꺼이 받아들여 해결하고, 이를 새로운 전진의 연결고리로 만드는" 사람이다. 교황은 이들을 '평화의 장인匠人'이라 불렀다. 평화에는 '평정심, 창조성, 감수성, 기술'이 요구되는데 이들이 이 요소들을 잘 활용해 '예술'의 경지에 올려놓는다는 의미에서다.(89항)

여덟 번째 길: 의로움 때문에 박해를 받는 사람들!

살면서 경험하는 씁쓸한 일 가운데 하나는 '옳은 일을 하면 피곤하다'는 것이다. 실제로 그렇다. 누군가의 잘못을 한 번 지적해보라. 더러는 수긍하고 고마워하겠지만 다수는 화를 낼 것이다. 오죽하면 우리가 '적반하장도 유분수지'라는 말을 입에 달고 살겠는가? 말로 끝나는 것은 그나마 다행이다. 심하면 억울하게 감옥에 갈 수도 있다. 사회적으로 큰 사건일수록 더 그렇다.

교황은 이에 대하여 다음과 같이 가르친다.

"모든 것이 복음 실천에 호의적이리라고 기대해서는 안 됩니다. 권력에 대한 야심과 세속적 이해가 우리의 길을 가로막을 때가 많기 때문입니다. … 소외된 사회에서는 인간과 사회의 진정한 발전에 걸림돌이 되는 정치, 매체, 경제, 문화와 심지어 종교 제도의 틀에 갇혀, 참행복의 실천은 어려운 일이 되고 오명과 의심과 조롱의 대상이 될 수도 있습니다."(91항)

사실 예수님이 가르쳐주신 복음의 길을 따르는 삶은 '시대 흐름을 거슬러 올라가는 길'(90항)이다. 거센 물살을 거슬러 올라가는 일이다. 당연히 이 일이 쉬울 리 없다. 그래서 '사랑의 계명을 실천하고 정의의 길을 따르는 길'은 십자가의 길이다. 그러나 우리는 이 십자가 덕에 '성장과 성화'를 경험한다.(92항) 예수님께서 사람들이 "나 때문에 … 너희를 거슬러 거짓으로 온갖 사악한 말을 하면, 너희는 행복하다"(마태 5,11)고 하셨던 말씀이 이를 잘 보여준다.

이로써 예수님이 가르쳐주신 '훌륭한 그리스도인이 되는 여덟 가지 방법'(63항), 즉 '거룩해지는 방법 여덟 가지'를 모두 살펴보았다. 아마 쉽지 않다고 느끼셨을 것이다. 교황이 "참행복은 결코 평범하거나 수월한 것이 아니라 오히려 정반대"(65항)라고 한 말씀에 크게 공감하였을 것이다. 그럼에도 우리는 이 길을 가야 한다. 십자가의 길이 힘들고 고통스러워도 "스승님(예수님)의 얼굴을 발견하고, 날마다 나의 삶을 통해 그분의 얼굴을 드러내는 길"이니 말이다.

다만 이 길을 가기 위해서는 성령의 도우심이 필요하다. "성령께서 그 권능으로 우리를 채우시어 우리의 나약함, 이기심, 안일함, 오만에서 우리를 해방시켜주실 때라야 이를 실천할 수 있"기 때문이다.(65항) 교황은 여기에 한 가지를 더 주문한다.

"스승님께 마땅한 사랑과 경외를 드리며 다시 한번 예수님께 귀 기울입시다. 예수님 말씀이 우리를 뒤흔들고 자극하며 우리 삶에 참 변화를 요구할 수 있도록 이를 받아들입시다."(66항)

"우리에게 어려움을 안겨줄지라도 날마다 복음의 길을 받아들이는 것이 곧 성덕입니다."(94항)

현대 세계에서
성덕의 징표

제4장

항구함과 인내와 온유

"제가 강조하고자 하는 징표는 성덕의 모범을 이루는 모든 것이 아니라, 현대 문화의 위험과 한계에 비추어 각별히 중요하다고 생각하는, 하느님과 이웃에 대한 사랑의 위대한 다섯 가지 표현들입니다. 현대 문화에서는 소모적이고 약해지게 만드는 불안감과 난폭한 생각, 부정과 우울, 안일하고 소비적이며 이기적인 나태, 개인주의, 그리고 오늘날 종교 시장을 지배하는, 하느님과의 만남이 빠진 온갖 형태의 거짓 영성 등이 나타납니다."(111항)

사랑의 충실성!

교황은 현대 사회에서 위대한 징표들 가운데 으뜸이 '우리를 사랑하시고 지켜주시는 하느님께 굳건히 뿌리 내리는 것'이라 하였다. 이렇게 하느님께 뿌리를 굳건히 내리고 있으면 '삶의 우여곡절을 인내하고 다른 이들의 증오와 배신과 결점을 참아 낼 수 있다.' 성인들은 이러한 굳건함을 가지고 계시기에 '평화'를 누리신다는 것이다.

참으로 쉬우면서도 어려운 일이다. 하느님을 든든한 뒷배라 말하면서 다른 유혹들에 무너지고, 배신을 밥 먹듯 하는 게 우리니까 말이다. 그래서 뿌리 이전에 하느님께 굳건한 믿음을 먼저 갖는 것이 중요하다. 이 믿음이 뿌리가 되어 형제들에게 충실하고, 어려울 때 형제들의 불안과 괴로움에 함께해줄 수 있을 테니까.(112항)

악에 선으로 대항함!

악을 악으로 갚는 것이 세상의 이치다. 세상은 그걸 정의라 생각한다. 잘못한 사람에게 죄를 묻는 것이 무슨 문제인가 하는 생각도 있을 것이다. 그러나 교황은 남들이 다 하는 것을 성덕

이라 하지 않는다. 남들이 하지 못하는 것을 하는 것이 성덕이
라 하였다. 또 남이 자신에게 잘못을 했는데도 따지지 않고 가
만히 있으면, 심지어 용서까지 한다고 하면 이는 나약함이 아
니라 '진정한 힘'이라고까지 추어주었다.(113항)

여전히 쉽지 않은 일이지만 그럼에도 성덕에 가까워지는 일
이니 주저할 이유가 없다. 이 싸움은 우리 안의 공격성과 자기
중심성을 깨닫고 이러한 성향이 뿌리내리지 않도록 하려는 것
이다. 내 경험으로는 화를 내지 않는 게 가장 좋고, 혹시 화를
낸다면 빨리 알아차려 이것이 자기 안의 공격성을 강화시키지
않도록 하는 게 좋다. 그렇게 조금씩 자기를 변화시키려 노력
하는 것이 성덕으로 가는 길이다.(114항)

디지털 공간에서 경험하는 무례함

디지털 공간에서 언어폭력을 경험한 분들이 많을 것이다. 여
기에는 두 가지가 영향을 주는데 하나는 익명성의 조건이고,
다른 하나는 대부분이 무례해져 과거 같았으면 인생을 걸고
내뱉을 말들을 스스럼없이 하게 된 세태다. 처음에 한두 명이
할 때는 다들 조심하는데 누구나 다 하면 윤리의식이 약해지
기 때문이다. 교황은 비유적으로 이런 공격과 비방을 낳는 '단

속되지 않는 혀'가 "불의의 세계"이고, 자신도 지옥 불로 타오르게 한다며 이들을 야단쳤다.(115항)

우리 조상들은 유학자의 피가 흘러 늘 '신독愼獨 즉, 홀로 있을 때 더 삼가는 것'을 큰 덕목으로 여겼다. 이런 유학자들처럼 '타인의 결점을 비난하는 데 힘을 써버리지 않고, 형제자매들의 실수 앞에서 말을 삼가며, 언어폭력도 피하는 것이 성덕에 이르는 길'(116항)이다.

가르치려 들지 않음

> "비정한 재판관처럼 남을 업신여기고 으스대면서 언제나 가르치려 드는 것은 좋지 않습니다. 그것이 바로 교묘한 형태의 폭력입니다."(117항)

교황은 가르치려 드는 대신 십자가의 성 요한을 인용하며 '남의 선익을 자신의 선익처럼 기뻐하는 것'이 악마를 가까이 오지 않게 하는 방법이라 하였다. 남의 선을 기뻐하고, 매사에 자기보다 남을 우선하면 좋은 일이 있으리라는 것이다. 그렇게 하면 '선으로 악을 굴복시키고, 악마를 몰아내고 행복한 마음을 가지게 될 것'이라 한다. 그것도 마음에 드는 사람들에게

그럴 것이 아니라 마음에 들지 않는 사람에게 해야 성덕이 된다고 가르친다.(117항)

겸손은 굴욕을 통해 뿌리 내림

교황은 굴욕을 통해서만 겸손이 마음에 뿌리를 내릴 수 있다고 가르친다. 굴욕을 겪지 않고 겸손할 수 없다는 것이다. 실제로 굴욕을 느꼈을 때 이를 공격으로 갚지 않고 참아내는 것이 겸손이다. 그래서 굴욕을 겪으셨던 예수님의 심정이 되어 그분을 닮게 된다.

나는 여기서 더 인상적으로 다가온 것이 교황이 일상의 굴욕에 대하여 하신 말씀이다.

"자신의 가정을 지키려고 침묵을 지키는 이들이나, 자신을 내세우기보다 다른 이들을 칭찬하는 이들, 남들이 달가워하지 않는 일을 선택하거나, 때로는 심지어 부당함까지 감내하며 하느님께 그것을 봉헌하는 이들이 이러한 일상의 굴욕을 겪고 있는 것입니다."(119항)

눈물이 날 정도로 우리의 처절한 현실을 대변해주는 고마운

"제가 당신의 발자취를

따라가고 있음을 깨닫도록 도와주소서."

말씀이다. 어떨 때 자신이 비참하다고만 생각했는데 이를 성덕이라 추어주시니 눈물이 날 정도다. 정말 우리는 일상에서 많은 수모를 견디며 살아간다. 좋은 의미에서 성덕을 닦을 수 있는 토대를 갖고 살아가는 셈이다. 그러나 대부분은 이를 수모로만 기억한다. 그런데 교황은 이렇게 굴욕을 당할 때 "제가 당신의 발자취를 따라가고 있음을 깨닫도록 도와주소서"라고 간구하라고 권한다.(120항)

이런 일이 어디 쉬운가? 자기중심으로 살아가기 때문에 생기는 오만이지. 그래서 공격성에서 자유로워져 그리스도께서 주신 평화에 머물러 있는 마음을 가질 수 있길 소망해본다.(121항)

기쁨과 담대함

"십자가의 그림자가 드리우는 힘든 시기가 오더라도, 어떠한 것도 이 초자연적인 기쁨을 파괴할 수는 없을 것입니다. 그 기쁨은 '상황에 따라 변하지만, 한 줄기 빛으로라도 언제나 우리 곁에 있습니다. 이는 끊임없이 사랑받고 있다는 개인적인 확신에서 생겨납니다.' 그러한 기쁨은 깊은 안정, 고요한 희망, 그리고 세상이 이해할 수도 가늠할 수도 없는 영적 충만을 가져옵니다."(125항)

성덕의 표지인 '기쁨과 유머'

"거룩한 사람들은 소심하거나 침울하거나 언짢거나 우울하거나 암울한 얼굴과는 거리가 멉니다. 거룩한 이들은 기쁨과 즐거운 유머로 가득합니다."(122항) 기쁨이 중요한 '성덕의 표지'라는 교황의 가르침이다.

나만 그렇겠지만 모든 게 잘 돌아갈 때는 자신과 남에게 '기쁨과 유머'를 보이기 쉽다. 그러나 일이 잘 돌아가지 않을 때는 억지로라도 미소를 지어 보이기가 쉽지 않다. 이것이 우리의 참모습이기에 어떤 상황에서도 '기쁨'을 누리는 것이 영웅적 덕행으로 보인다.

교황은 115항에서 이 기쁨은 '하느님께 끊임없이 사랑받고 있다는 개인적 확신'에서 생긴다고 하였다. '내가 하느님께 끊임없이 사랑받고 있다'는 확고한 믿음이 있을 때만 이 기쁨을 누릴 수 있다는 것이다. 물론 누구나 이를 저절로 누리는 것은 아니고, 그분 사랑에 대한 확고한 믿음이 있는 이들만 가능하다.

당연히 우리도 교황이 알려준 세 단계를 따르면 이 기쁨을 누릴 수 있다. 첫 단계는 '하느님이 살아계시고 그분이 우리를 끊임없이 사랑하신다'고 믿는 것이다. 둘째 단계는 이 믿음에 기초하여 '하느님이 우리를 이끌어주실 것'이라고 희망하는 것이다. 셋째 단계는 '어떠한 처지에도 만족하는 것'(127항)이다.

성덕의 큰 표지인 '담대함'

교황은 이 문헌에서 '담대함(pharrhesia, 파레시아)'이라는 단어를 비중 있게 사용한다. 교황은 이 담대함에는 '열정, 당당히 말하는 자유, 사도직 열의'라는 뜻이 담겨 있다고 한다. 그리고 이 담대함을 우리 시대의 '그리스도인이 복음을 선포할 때 갖춰야 할 자세'라고 한다.(129항)

교황은 이 문헌에서 담대함의 모습을 여러 가지로 제시하였는데, 한국교회 신자들이 보이는 선교 태도와 다소 차이가 있다. 한국교회 신자들은 가장 바람직한 복음 선포 방식을 '모범적 표양'이라고 생각한다. 상대방에게 말로 직접 전하기보다 모범적 행동이라는 간접적 방식으로 영향을 주는 것을 바람직하게 본다. 다른 문화로 몇 년씩 선교를 떠나는 것도, 이미 다른 종교를 갖고 있는 이들에게 말씀을 전하는 방식도 그리 선호하지 않는다. 그런데 교황은 이런 우리의 태도를 뛰어넘어 다음 네 가지의 담대함을 요청한다. 그리고 이것이 힘든 만큼 큰 성덕이 될 수 있을 것이라 주장한다.

연민

여기서 연민은 누군가를 심정적으로 불쌍하다, 안쓰럽다고 느끼는 정도에 그치지 않고, 다른 사람의 고통을 자기 고통으로 느끼는 데까지 나아가는 것을 가리킨다. 여기서 남의 고통을 자기 고통으로 느낀다는 것은 그의 고통이 자신의 고통이어서 그의 문제가 자기 문제가 된다는 뜻이다. 이렇게 타인의 고통을 자기 고통으로 느낄 줄 아는 사람은 타인을 돕는 일에 '망설이거나 소극적이거나 다른 사람의 시선을 의식하지 않게 된다.'(131항)

그러나 우리는 나약해 타인에게 동정심을 갖거나 안타까움은 느껴도 연민으로까지는 나아가지 못한다. 이에 교황은 '우리의 나약함을 인정하고 나머지는 예수님 손에 맡기라'고 요청한다. 그분께 맡기되, 우리 각자도 나름의 보물을 갖고 있으니 이 보물로 담대함을 보이라고 한다.

성령의 다그침을 받아들임

복음을 선포하는 이들에게는 성령의 다그침이 필요하다.(133항) 성령의 다그침은 우리 대부분이 '두려움, 지나친 신중함, 안전한 울타리에만 머물려는 태도'처럼 '우리 자신을 무기력하게 만드는 태도'에서 벗어나지 못하고, 또 그에 안주하기 때문에 필요하다.

실제로 예수님이 부활하신 후 사도들은 자신들을 무기력하게 만드는 위험과 위협에 무수히 맞닥뜨렸다. 그때마다 사도들은 굴하지 않고 성령께 파레시아를 간청하였다. 그 결과 그들은 성령의 다그침으로 담대함을 얻어 하느님 말씀을 전할 수 있었다. 이처럼 성령의 다그침은 우리로 하여금 자신을 뛰어넘어 복음을 전할 수 있게 한다.

역경을 피하지 않음

우리는 늘 요나 예언자처럼 안전한 곳에 피신하고 싶은 유혹을 받는다. 익숙하고 안일한 환경에 머물길 바라고, '습관의 힘 때문에 더 이상 악에 맞서지 않으려 한다.'(137항) 복음을 선포할 때도 아무런 도전이나 역경이 없기를 바란다. 하지만 하느님은 우리 뜻을 거슬러 역경을 만나게 하고, 이 역경에서 당신의 자비를 드러내신다. 그래서 우리가 무력감을 떨치고, 타성에서 벗어나 우리의 '눈과 귀, 그리고 무엇보다 우리의 온 마음을 여는 것'(137항)이 필요하다. 이렇게 늘 새로운 마음으로 이 여정에 나서는 것이 담대함이다.(134항)

변방으로 나아감

하느님께서는 우리가 익숙한 것을 뛰어넘어 변방으로 그리고 더 멀리 나아가도록 촉구하시는데 그에 응답하는 것이 담대함이다. 변방은 내가 살아왔던 환경과 정반대 조건일 수도, 문화, 인종, 민족 등 조건을 달리하는 선교지일 수도 있다. 이 모든 곳에는 공통점이 있다. 그곳에 육신과 마음에 상처를 받은 형제들이 있다는 점이다. 이렇게 역경을 무릅쓰고 예수님이 이미 가 계신 상처받은 이들이 있는 곳으로 떠나는 것이 담대함이다.(135항)

공동체 생활과 지속적인 기도

"우리가 다른 이들과 떨어져 살아간다면, 욕정, 악마의 올가미와 유혹, 그리고 세상의 이기심에 맞서 싸우기 매우 어렵습니다. 우리가 너무나 많은 유혹의 폭격을 당할 때에, 우리는 매우 고립되고 현실 감각과 내적 명료함을 잃어버려서, 쉽게 유혹에 넘어갈 수 있습니다."(140항)

다른 이와 함께 살거나 일하는 것이 영적 성장의 길

코로나 팬데믹 시기에 교우들을 대상으로 두 차례 신앙의식 조사가 실시된 바 있다. 이 두 번의 조사 결과에서 내가 흥미롭게 본 내용이 하나 있어 나눠보려 한다. 그 내용은 다수의 신자들이 '비대면 상황이 더 편하다'고 한 답이었다. 이유는 이랬다. "그전엔 어쩔 수 없이 꼴 보기 싫은 신자들도 보아야 해서 스트레스가 많았는데 이제는 그러지 않아도 되기 때문입니다." 나는 신자 분들이 활동과 봉사에 기쁘게 참여한다고 생각했기에 이 말이 의외로 느껴졌다.

사회에서도 사람 만나는 일을 싫어하는 이들이 늘어나는 것을 보게 된다. 자발적으로 혼자 사는 것을 선택하는 이들, 같이 살아도 거의 대화를 하지 않는 이들이 확실히 많아졌다. 영성 생활을 위해 자발적으로 고독을 선택하는 것이 아니라 사람이 싫어 고독과 고립을 선택하는 이들이 늘어나고 있는 것이다.

그런데 교황은 우리의 이런 생각과 삶의 방식을 거슬러 "성덕은 다른 이들과 나란히 함께하는 공동체 여정에서 성장"(141항)하는 것이라고 한다. 수도생활도 마찬가지다. 우리 교회에서는 4세기 이후 '공동생활'을 수도생활의 본질적 차원 가운데 하나로 여겨왔다.

혼자 살면 편한데 교회에서는 왜 이리 함께 살라고 하는지 궁금할 것이다. 교황은 그 이유를 다음과 같이 제시한다.

"각각의 배우자는 상대방 배우자의 성화를 위하여 주님께서 사용하시는 도구가 됩니다. 다른 이와 함께 살거나 일하는 것은 확실히 영적 성장의 길이 됩니다. 십자가의 요한 성인은 제자에게 '당신은 다듬어지고 단련되기 위해서 다른 이들과 살아가고 있는 것입니다'라고 말하였습니다."(141항)

나는 이 말씀의 의미를 이렇게 확장시켜보고 싶다. '첫째, 공동생활을 하면 양보와 희생이 불가피하다. 양보와 희생은 자연스럽게 이기심을 극복하는 데 도움이 된다. 둘째, 자신의 부족한 면을 다른 구성원을 통해 깨닫게 된다. 이는 인격 성장에 도움이 된다. 셋째, 외로움을 덜 느끼게 해준다. 이는 여러 유혹에서 나를 보호해준다. 넷째, 공동체의 지지를 통해 힘든 일을 이겨낼 수 있다.'

이 측면들은 하느님께서 인간을 사회적 존재로 지으셨기에 인간은 관계를 통해 자신을 완성해야 한다는 교회 가르침과 일치한다. 교회생활도 마찬가지다. 그래서 우리 신앙인들은 '~그럼에도 불구하고' 다른 신자들과 어울려 살아야 한다.

지속적인 기도

교황은 현대 세계에서 성덕을 드러내는 마지막 지표로 '지속적인 기도'를 제시한다. 교황은 기도를 강조하는 이유로 "성덕은 초월에 언제나 열린 자세로 이루어지는 것이고, 기도와 흠숭으로 표현되는 것"이기 때문이라 하였다. 그러면서 "거룩한 사람은 기도의 정신과 하느님과 이루는 친교에 대한 갈망을 특징으로 하고, … 편협하고 숨 막히는 이 세상을 특히 염려하며, … 주님을 찬미하고 관상하면서 자기 자신과 자기 한계에서 벗어"(147항)나기 때문이라 한다.

그러면 언제 기도할까?

교황은 기도의 때가 따로 정해져 있는 것은 아니라 한다. 러시아의 한 순례자가 순례 내내 쉬지 않고 '예수님'이라는 단어만 외우고 다녔듯이(152항), 십자가의 성 요한이 "실제로든 생각으로든, 또는 현실과 생각 모두에서 언제나 하느님의 현존 안에 머물렀듯이"(148항) 한순간도 쉬지 않고 기도할 수 있다고 한다. 그러나 이렇게 기도할 수 있으려면 "홀로 하느님과 함께하며 하느님께만 바치는 시간이 필요"(149항)하다고 한다.

어떤 태도로 기도할까?

교황은 아빌라의 성녀 데레사께서 기도는 '우리를 사랑하시는 그분과 함께하는 우정 어린 대화이자, 빈번한 독대'라 하신 말

"기도는 친구와 대화하듯 신뢰로 가득하고,
친밀한 만큼 자주 하는 것이어야 한다."

씀을 인용하며, 기도는 친구와 대화하듯 신뢰로 가득하고, 친밀한 만큼 자주 하는 것이어야 한다고 가르친다.(149항) 또한 기도하는 사람은 '주님의 말씀을 성경을 통해 경청하고 배우는 사람'(150항)이고, 세상에서 도피하기 위해서나, 역사를 도외시하기 위한 동기로 하지 않는 사람이라고 한다.(152~53항)

어떤 기도를 바칠까?

교황은 '굳이 긴 시간이나 강렬한 감정을 쏟는 기도'(147항)일 필요는 없다고 하였다. "어떠한 분심도 없이 하느님에 대한 순수한 관상"(154항)일 필요도 없다고 하였다. 그저 '다른 이들에 대한 형제적 관심에서' 전구 기도를 바치고, "신뢰로 가득 찬 사랑과 커다란 자신감에서 나오는 지속적인 탄원 기도"를 바치며, 소위 하느님께 '~를 주십사'고 청하는 기도를 바치면 된다고 하였다.(154항) 물론 이 말이 관상 기도가 불필요하다는 뜻은 아니다. 그저 기도를 편하고 쉽게 생각하라는 뜻이다.

기도의 전제조건은?

당연한 것이지만 '하느님께서 존재하심을 믿고 깨닫는 것'이다. 그분이 살아계심을 확실히 믿으면 '그분을 흠숭하지 않을 수 없고, 때로는 침묵으로 찬미드리며 또한 기쁨의 노래로 그

분을 찬양하지 않을 수 없기' 때문이다.(155항)

기도를 잘 준비하는 방법은?

교황은 기도를 잘 준비하는 방법으로 '하느님 말씀에 대한 신심'을 강조하고, 이렇게 말씀을 사랑하는 사람은 필연적으로 '성찬례'에 이끌릴 것이라 하였다. "성경에 기록된 말씀은 성찬례에서 가장 큰 힘을 발휘"(157항)하기 때문이라는 이유에서였다.

영적 투쟁,
깨어 있음, 식별

"우리는 하느님께서 주신 강력한 무기, 곧 믿음으로 충만한 기도, 하느님 말씀의 묵상, 미사 참여, 성체 조배, 고해성사, 자선 활동, 공동체 생활, 선교활동에 의지할 수 있습니다. 우리가 부주의해진다면, 악마의 거짓 약속이 우리를 쉽게 유혹할 것입니다."(162항)

교황은 마지막 장에 이르러 영적 투쟁, 깨어 있음, 식별 세 가지를 제시한다. 영적 투쟁은 악의 존재를 드러내기 위하여, 깨어 있음과 식별은 악과의 싸움에서 무기로 사용하도록 제시한다. "그리스도인의 삶은 끊임없는 투쟁"(158항)이어서, 이 삶에서는 "악마의 유혹을 뿌리치고 복음을 선포할 힘과 용기"(158항)가 필요한데 '깨어 있음'과 '식별'이 힘과 용기라는 무기 역할을 할 수 있으리라는 것이다. 그러면 무기 이전에 우리가 싸워야 할 악과 악마에 대해 알아야 할 것이다.

악은 영적이면서 현실적인 것

교황은 '악惡의 힘이 우리 가운데 존재한다는 바로 그 확신을 가질 때, 우리는 악이 때로 얼마나 파괴적인 힘을 가질 수 있는지 이해할 수 있게 된다'고 하였다.(160항) 악은 경험적 이해만으로는 부족하고, 신화, 표상, 상징, 비유 또는 관념만으로 보아서도 안 되며(161항) 초자연적 이해에 바탕을 두어야 한다(160항)고 하였다. 그러면서 '악'은 추상적이지 않고, 정확히 '악한 자' 즉 우리를 공격하는 '인격적 존재'를 가리킨다고 하였다. 이 인격적 존재는 우리 마음 안에서 '미움, 우울, 시기, 악습惡習의 독을 퍼트려 우리의 경계를 허술하게 만들어 '우리의 삶, 가정, 공동체를 파괴'(161항)하는 역할을 한다고 하였다.

악을 실제 존재하는 현상으로 경험할 수 있을까? 나는 경험했다. 개인의 삶에서도 인간 역사 안에서도 악/악마는 실체로 존재하였다. 개인적으로는 믿음이 흔들릴 때, 역사에서는 하느님이 악에 승리하신다는 확신이 희미해질 때 악이 움직이기

시작했다. 이때 악은 희망 대신 절망을, 용기보다는 두려움을 갖게 했다. 그래서 내가 감히 상대할 수 없는 거대한 힘으로 느끼게 만들었다. 그 결과는 우울, 무기력이었다.

역설적이지만 나는 이런 상황에 놓이고 나서야 비로소 하느님의 존재와 그분이 역사 안에서 살아 활동하고 계심을 확인할 수 있었다. 이렇게 악은 영적이면서 나의 삶과 타인들의 삶을 통해 구체적으로 드러났다. 결코 만만한 존재가 아니다. 그래서 믿음과 희망을 회복하는 과정은 누구에게나 실제적이면서도 영적인 투쟁이다.

첫 번째 무기: '깨어서 믿기'

우리가 쉽게 악/악마의 유혹에 넘어가는 것, 아니 악의 존재를 의식하지 않고 그냥 막 살아가는 이유는 '하느님'을 믿지 않거나 믿음이 약하기 때문이다. 영적으로 타락한 상태에 있기 때문이다. 영적 타락은 '기만, 중상, 이기주의, 다른 미묘한 형태의 자기 중심성과 같은 것들을 다 허용해도 되는 양 보게 만드는 자기 만족의 눈먼 형태'(165항)이다. 이것이 사회적으로 확장되면 항상 누군가를 곤경에 빠트리는 일을 자기도 모르게 하는 상태가 된다. 악이 나를 통해 사회적으로 드러나는 것이다. 이 악은 궁극에 전쟁으로 이어진다. 굳이 전쟁을 하지 않더라도 차별과 배제를 통해 누군가를 사회적 죽음에 이르게 할 수 있다.

이렇게 작동하는 악의 존재를 눈치 채면 이 악과 싸울 태세를 갖춰야 한다. 이 싸움의 무기가 앞에서 인용한 '기도, 묵상, 미사, 고해성사, 자선 활동, 공동체 생활, 선교 활동'이다. 이 무기로 우리는 '악마의 간계에 맞서고, 악한 자가 쏘는 불화살을 막아 끌 수 있다.'(162항) 또한 교황은 '그리스도인의 승리는 언제나 십자가'이고, '십자가는 승리의 깃발'이며, 이 깃발을 들고 '강인한 온유함'으로 악에 맞서 싸울 수 있다고 가르친다.(163항)

두 번째 무기: '식별'

악이 내 안에서 그리고 역사 안에서 활동한다 해도 내가 이를 볼 눈이 없다면 악은 존재하지 않는 것이 된다. 그래서 이를 분별할 수 있는 방법이 필요한 데 바로 '식별'이다. '어떤 것이 세속적 영이나 악마의 영에서 비롯된 것인지 알 수 있는 유일한 길'(166항)이다.

교황은 '식별이 심각한 문제를 해결하거나 중대한 결정을 내릴 때와 같은 특별한 시기만이 아니라 우리가 주님을 더욱 충실히 따르도록 도와주는 영적 투쟁의 도구이고, 매 순간 이뤄지는 것'(169항)이라 한다. 또한 이 식별은 '흔히 중요해 보이지 않는 미소한 것들 안에서 이루어지는데, 위대한 것은 단순한 일상 현실에서 드러나기 때문'(169항)이라 가르친다.

교황은 이 식별을 잘 할 수 있는 방법도 가르치는데 제일 중요한 것이 매일 실천하는 '진실한 양심성찰'(169항)이다. '성령께 이러한 은사를 청하고, 기도, 묵상, 독서, 좋은 상담'(166항)을 하는 것도 좋은 방법이 될 것이라 하였다.

하지만 영적 식별은 누구나 쉽게 할 수 있는 일이 아니다. 이 식별은 인문학적 식견, 교회의 올바른 규범도 넘어서는 것이어서 은총 아니면 불가능한 일이다.(170항) 그러나 이 은총 덕에 지성이 발달하고 교육을 많이 받은 경우가 아니어도 '일터에서 다른 사람들을 통하여 다양한 방식으로 모든 순간에 우리에게 말씀하시는 주님'을 알아볼 수 있다.(171항)

교황은 마지막으로 영성생활이 어렵다고 생각하는 우리에게 '우리는 삶의 모든 측면에서 계속 성장할 수 있고, 심지어 우리가 가장 어렵게 여기는 그러한 측면에서도 하느님께 더욱 훌륭한 것을 봉헌할 수 있다'(175항)며 격려한다. 부디 이 말씀에 용기를 얻고 참다운 그리스도인으로 살아갈 수 있기를 소망한다.

"영적 독서는 '진실한 양심성찰'을 위한 좋은 방법 중 하나이다."

거룩한 사람이 되기 위하여

신자라면 누구나 '거룩한 사람'이 되고 싶어 할 것이다. 이 교황권고에서처럼 '성덕'에 이르고자 할 것이다. 이런 바람을 가진 이라면 반드시 읽어보아야 할 책이 이 『기뻐하고 즐거워하여라』이다.

나는 이 책을 나의 영성생활을 위해, 때로 발표를 위해 여러 차례 읽었는데 그때마다 새로웠다. 다 읽고 나면 다른 영성 지침서가 필요 없다는 생각을 하곤 했다. 가르침이 전통적이면서도 새로웠기 때문이다. 무엇보다 영성을 평범한 신자들도 다가갈 수 있는 주제와 내용으로 다룬 점이 남달랐다. '옆집의 성인'이 대표적이다. 교황이 세속에서 힘겹게 살아가는 신자들의 삶을 긍정하고, 그들의 삶을 하느님의 눈으로 보게 한 것도 새로웠다.

그가 든 예들은 너무 일상적이어서 누구나 접근할 수 있는 일처럼 보인다. 실천하고 싶은 마음이 들게 하고 용기를 갖게 한다. 하지만 쉬워 보이는 일일수록 실천하기 어려운 법. 그렇다고 자신을 방임하며 살아갈 수도 없는 노릇. 그래서 작은 일 하나라도 실천하려는 결심을 하고 이를 한결같이 이어가려 노력하는 것이 거룩한 사람이 되는 첫 번째 단계이다.

THE SAINTS
NEXT DOOR

일상 영성

제2부

일상 영성

일상

'일상日常'의 사전적 정의는 "매일 반복되는 보통의 일"이다. '일상'의 형용사인 '일상적日常的'은 "특별하지 않고 날마다 접할 수 있는"으로 정의된다.[1] '일상적'이라는 형용사는 명사인 '일상'보다 '보통', '평범함'의 속성이 더 두드러진다. 이 둘의 의미를 더하면 '일상'은 '반복', 끝을 알 수 없는 '가없음', 무엇보다 누구도 예외일 수 없는 '보편성universality'이 특징이다.

일상의 의미를 하나 더 살펴본다. '일상'을 처음 학문의 주제로 삼았던 '일상사회학'에서는 '일상'을 "보통 사람들이 날마다 영위하는 보통의 삶"으로 정의한다.(김상우, 2006: 94) 또한

'비非 일상'과 대비하여 다음과 같이 정의하기도 한다. "일상은 축일에 대해 평일을, 특별하고 비통상적인 사회 영역에 대해 통상적인 사회 영역을, 노동하지 않고 이윤으로 호화롭게 생활하는 사람들의 생활 영역에 대한 노동자들의 일을, 고위직에서 권력을 가진 사람들의 생활에 대해 민중의 생활을, 역사에서 주요한 국가적 행위에 대해 매일의 생활이 이루어지는 영역을, 공적인 혹은 직업 생활에 대해 사생활(가족, 사랑, 어린이) 등이다."(김상우, 2006: 94~95)[2]

일상사회학자들은 일상이 갖는 평범함을 강조하기 위해 '비일상'을 일상에 대비시킨다. '보통 사람들', '보통의 삶'을 '특별한 사람들', '특별한 삶'과 대비시키는 것이다. 그러나 이 정의는 일상이 갖는 보편성, 즉 '모든 인간이 경험하는 차원'이라는 측면을 잘 드러내지 못한다. 사실 일탈도 처음엔 특별하지만 조금 지나고 나면 이내 일상이 되고 만다. 특별한 일도 일상의 연장에서 일어나기에 새롭지 않다.

'특별한 사람들'도 마찬가지다. 그들의 삶이 보통 사람들과 다른 면이 있지만 그들도 '일상'을 살아내야 하는 '보통 사람'이다. 그들도 인정하듯이 '어떠한 사건도 일상의 바탕 없이 일어나지 않는 까닭이다.'(김상우, 2006: 95) 그래서 일상사회학에서 내리는 '일상'의 정의는 '일상 영성'을 정의하고 방향을 제시하는 데 부족함이 많다.

그럼에도 이 정의는 일상 영성에 통찰력을 제공한다. 사회학자 김상우의 말을 통해 이 측면을 더 밝혀본다. "일상은 또한 모든 것들을 집어삼켜버리는 블랙홀이기도 하다. 수많은 거창한 이론들과 이데올로기, 종교적 도그마 등이 시험되는 곳이 일상이다. 그러한 참신하고도 거창한 기획들도 일상과 조화를 이루지 못할 경우 언제 그런 시도들이 있었냐는 듯이 그 기획들은 일상 속에서 흔적 없이 사라져버리기도 한다. 일상은 이렇듯 새로운 약속들이 꿰뚫고 들어가기 힘든 영역이다."(김상우, 2006: 95)

나는 그의 말에서 일상이 '종교적 도그마'가 시험되는 곳, '새로운 약속들이 꿰뚫고 들어가기 힘든 영역'이라는 두 가지 표현이 일상 영성에 의미하는 바가 크다고 본다.

먼저, '종교적 도그마가 시험되는 곳'은 세상없는 가르침이라도 이 평범한 삶에서, 그리고 보통 사람들에게 '실효성을 인정받지 못하면 진리로 인정받지 못한다.' 달리 말해 '진리가 평범함(혹은 일상성) 안에 있다'는 뜻이라서 일상의 중요성을 잘 드러내준다. 이 말에는 어려운 관념으로 도피하지 않으면서 누구도 예외일 수 없고 특별할 것 없는 일상에서 각자의 삶(육체성)으로 그 진리성을 증명해야 한다는 무거운 요구가 들어 있다.

"진리는 일상성 혹은 평범함 안에 있다."

둘째로, '새로운 약속들이 꿰뚫고 들어가기 힘든 영역'도 '일상'이 가장 어렵게 변화되는 영역이자, 바로 앞에서 말한 '진리의 시험장'이라는 특성에서 비롯된다. 이로 인해 고전古典, 오랜 역사를 가진 종교와 인간에 대한 철학적 통찰들이 안정적인 의미체계meaning system로써 힘을 갖는 것이다.[3]

다른 한 가지는 '일상'이 '수면, 밤, 어둠, 무의식, 무질서, 죽음, 위협 등의 기초 위에 이와 상반되는 또 다른 일련의 기초, 즉 깨어 있는 상태, 낮, 밝음, 의식, 질서, 삶, 안전 등이 서로 씨줄과 날줄로 엮여 상호 침투하는 곳'이라는 점이다.(김상우, 2006: 92) 이는 앞의 비교 방식에서는 잘 드러나지 않던 '삶의 이중적 패러다임'을 잘 드러내준다. 이렇게 일상은 평범한 듯 보이지만, 쉽사리 파악하기 어려운 측면들을 갖고 있다. 평범한 외양外樣을 띠면서도 그 속엔 가없는 신비를 감추고 있다.

일상의 철학적·신학적 의미

철학자들은 일상을 '초월超越'의 대상으로 여겨왔다. '먹고 마시고 잠자고 배설하고 일하며 누군가와 더불어 살아가는 것'의 이면 또는 그 위에 반드시 어떤 의미가 숨어 있으리라 생각한 것이다. 이는 철학자들이 '평범함을 잘 견디지 못했다'는 뜻이기도 하다. 사실 철학자가 아니더라도 많은 사람이 지루하게 반복되는 일상의 평범함, 혹은 그에 속한 육체의 한계를 초월하기 위해 부단히 노력한다.[4] 그러지 않고서는 일상의 권태倦怠를 견딜 수 없기 때문이다.

그러나 일상은 생각과 달리 초월하기가 쉽지 않다. 마음은 우주를 떠돌아다녀도 몸은 여전히 물리적 시공간에 머물러 있어서다. 게다가 몸은 생리적·생물학적 한계 곧 병, 노화, 죽음에 노출돼 있다. 이에 철학자들은 이러한 현실을 인정하고, '새로운 관점의 획득, 삶의 태도 변화, 새로운 깨달음을 통

에마뉘엘 레비나스Emmanuel Levinas
"일상은 그 자체로 즐김과 누림의 대상이다."

해 일상적 삶 그 자체를 의미 있게 영위하는 데 관심을 가졌다.'(강영안, 1997: 62) 그들은 일상을 다른 각도와 시야로 보는 것을 통해 일상의 의미를 발견하고, 일상의 무게를 극복하려 했던 것이다.

이러한 맥락에서 일상의 의미를 발견하려 노력한 철학자 가운데 한 사람이 유대계 프랑스 철학자 에마뉘엘 레비나스이다. 그는 '삶의 내용을 채워주는 음식, 잠, 옷, 음악, 대화, 생각 등은 유용성의 도식에 따라 평가할 수 있는 것, 즉 어떤 무엇을 하기 위한 것이 아니라 그 자체 즐김과 누림享有, jouissance의 대상'이라 보았다. 삶은 표상과 반성, 이론과 지식이 있기에 앞서 즐김이요 누림이라는 것이다. 삶에는 내용이 있고, 그 내용을 즐기는 일이 삶이라는 것이다. 이를 그는 '삶에 대한 사랑', '자기애'로 표현하였다. 그는 삶(일상)을 단지 시간을 채워가는 일에 그치지 않고 완성하고 아름답게 만들며 살 수 있을 만한 것으로 보았다.(레비나스, 1990: 160) 레비나스는 이러한 태도로 일상의 삶을 영위하는 것이 '내가 나로 서는 과정'이고, 아울러 이 과정을 '타인과 함께 꾸려가는 것이어야 함'을 강조하였다.

그러면 신학자들은 일상을 어떻게 보았을까? 일상에 대해 처음 신학적 통찰을 시도한 독일 신학자 카를 라너는 일상을 다음과 같이 정의한다.

"담박하고 성실하게 받아들여진 일상은, 바로 일상으로 머무는 이상, 우리가 하느님과 그의 숨은 은혜라 부르는 저 영원한 불가사의와 무언의 신비를 담고 있다. 왜냐하면 그것은 다 인간이 행한 일상이기 때문이다. 인간이 있는 곳이란 곧 자유롭고 책임 있는 행위로 실재實在의 숨은 깊이를 드러내는 곳이다. 아울러 가장 일상적인 사소한 일도 실은 참으로 인간다운 삶에 본질적 요소로서 내포되어 있기 때문이다. … 참으로 인간다운 삶이란 더 없이 진지한 자유 안에서 하느님을 향한 믿음과 소망과 사랑으로 포착되는 영원한 하느님의 무게를 지녔다. … 우리로 하여금 '하느님을 찾아 얻게 하는 것'은 실상 이념이나 고상한 말이나 자아 반영이 아니라, 이기심에서 나를 풀어주는 행위, 나를 잊게 해주는 남을 위한 염려, 나를 가라앉히고 슬기롭게 해주는 인내 등이다. 누구든 인간으로서 자신 안에 지닌 영원의 핵심을 위해 조금이나마 시간을 낸다면, 그는 작은 것들도 가없는 깊이를 지녔음을, 영원의 전조임을 문득 깨닫게 될 것이다."(라너, 2010: 8~9)

일상의 사소한 일들을 하느님을 향한 믿음과 소망과 사랑으로 포착하는 신앙의 눈으로, '자신 안에 지닌 영원의 핵심을 위해 조금이라도 시간을 내려 노력함으로써', '이기심에서 나를 풀어주는 행위, 나를 잊게 해주는 남을 위한 염려[5], 나를 가라앉히고 슬기롭게 해주는 인내'를 통해 '가없는 깊이를 지녔고, 영원의 전조前兆임'을 깨닫는 것이 라너의 일상 신학이다. 이를 다시 '작은 것은 큰 것의 약속이요, 시간은 영원의 생성'[6]이라는 표현으로 요약할 수 있다.

라너는 '작은 것이 큰 것의 약속'이 되도록, 순간이 영원으로 이어지도록 하는 데 필요한 태도를 다음과 같이 이야기하였다.

> "일상은 꿀도 타지 않고 미화하지도 않은 채 견디어내야 한다. 그래야만 믿음의 터전, 정심正心의 도량, 인내의 단련, 호언장담과 거짓 이상의 건전한 폭로, 참되이 사랑하고 성실할 수 있는 차분한 기회, 슬기의 마지막 씨앗인 현실성이 입증되는 것이다."[7]

라너는 여기서 일상이 회피와 도피, 과도한 의미 부여로는 초월할 수 없는 영역임을 강조하였다. 그에게 현실은 모든 사건이 일어날 수 있는 토대이자 시험장이었다. 매 순간이 어느 방향으로든 영원으로 이어질 수 있는 방향을 내포하고 있다. 하지만 그는 이 일상에서 그가 성찰한 방향대로 살아가는 방법을 배우는 일이 쉽지 않다는 점을 인정하였다. 그래서 그는 일상을 영원으로 이어가기 위해 우리 힘뿐 아니라 그리스도의

카를 라너 Karl Rahner
"그리스도의 은총은 현실을 영원한 삶에 이르게 할 수 있는 힘의 원천이다."

은총도 필요하다고 생각하였다. 그는 그리스도의 은총이 일상을 새로운 눈으로 보고, 그 현실을 영원한 삶에 이르게 할 수 있는 힘의 원천이라 보았다.(라너, 2010: 13)

이처럼 철학자와 신학자에게 '일상'은 공히 초월의 대상이다. 수동적으로 받아들이기보다 적극적인 의미 부여를 통해 극복해야 할 대상인 것이다. 그렇다고 초월이 육체성, 달리 말해 몸이 시공간의 한계를 뛰어넘는 것을 뜻하진 않는다. 오히려 그들에게 초월은 철저히 현실에서 새로운 의미를 발견하는 데 있다. 따라서 철학이나 신학은 모두 목적론teleology이다. 인생에 반드시 목적이 있다고 보는 의미체계인 것이다.

레비나스와 라너의 표현은 서로 달랐지만 목표에 이르는 방향은 같았다. 레비나스는 인간 역사에서 검증된 노력을 통해 목표에 이를 수 있다고 본 반면, 라너는 여기에 그리스도의 은총이 더해져야 한다고 본 점만 달랐다. 따라서 일상의 철학과 일상의 신학은 일상이라는 좌표座標 없는 지도에 목표, 방향과 경로를 설정하려는 노력이다.

일상 영성

일상 영성은 무의미해 보이는 일상에 그리스도교적 의미를 부여하고 이를 그리스도의 은총 안에서 적극적으로 살아내는 방식이다. 영성에 대한 정의들이 다양하지만 나는 '그리스도 안에서 살아가는 삶'이라는 정도의 의미로 정의하려 한다.[8]

일상은 삶이 영위되는 시공간이자 삶 자체이니 일상 영성을 '삶의 문제를 올바로 이해하고 그 문제들이 현실에서 해결되고 증명될 수 있도록 노력하는 태도'로 정의할 수 있겠다. 이는 영성을 어렵고 복잡하게 정의를 내려 이해하기 어렵게 만들거나 은둔 수행자 또는 성직자나 수도자에게만 열려 있는 비밀스러운 영역으로 보이게 하여 보통 사람을 소외시키는 방식을 거부한다는 뜻을 담고 있다.[9] 일상 영성은 그리스도인 누구도 소외시키지 않고 일상을 신앙의 가치로 살아가는 또는 살아가려는 삶의 자세이자 방식이니 말이다.

일상 영성은 타계他界 지향적인 영성가들처럼 사람 곁, 세상을 멀리하는 방식을 거부한다. 오히려 일상 영성은 이웃이나 타자와 '더불어 사는 삶'을 추구한다. 이 '더불어 사는 삶'은 그리스도께서 가르치신 대로 '스스로를 낮추고 비우며 가진 것을 나누는 일'이다.[10] 이는 일상을 성찰한 철학자와 신학자들이 공통적으로 인정하였던 방식, 즉 일상적으로 '자기 초월'을 실천하는 방식이다. 이렇게 살다 궁극에 이르는 지점이 '모두와 잘 어울리는 조화롭고 평화로운 삶'이다.

자기 안과 밖 모두에서 조화와 평화를 누리는 삶이 일상 영성이자, 일상 영성의 목표이다.[11] 하지만 이 상태에 저절로 이르진 않는다. 이러한 삶이 가능하도록 자신을 가꿔가는 노력이 따라야 한다. 이에 이르는 지름길이 기도다.[12] 이와 같은 방식으로 오늘을 잘 살면 더 구체적으로 말해 '지금 여기'에 충실하면 누구든 죽음을 두려워할 필요가 없다. 오늘의 충실한 삶이 내일을 결정할 테니 말이다.[13] 매순간 자신에게 다가오는 일과 생각 앞에서 기꺼이 그리스도교적 가치를 선택하고 또 그 선택에 충실하게 사는 정도만큼 미래가 열린다. 따라서 그리스도인은 매 순간 그리스도와 함께 자신의 삶을 창조해나가는 존재여야 한다.

일상 영성은 모든 그리스도인에 해당된다. 따라서 평신도의 일상 영성을 말하려면 교회의 세 신원 가운데 평신도의 고유한 차원을 더 강조해야 한다. 평신도에게 고유한 것이 세속성이다. 이 세속성은 평신도를 사제, 수도자와 분리시키지 않으면서도 구별 짓는다. "평신도들에게는 세속적 성격이 고유하고 독특하다."(교회헌장, 31항) 이 때문에 "(평신도는) 세상을 떠나서는 아무것도 아니요, 아무것도 할 수 없다는 점에 주목해야 한다. 사실 그동안 이분법적 사고에 입각해 성과 속의 대비 속에서 부정적인 의미로 여겨졌던 이 세상은 평신도들이 자신들의 영성생활을 수련해야 하는 긍정적이고 적극적인 장소로 여겨져야 하는 것이다."[14]

교회헌장은 이 연장에서 평신도의 세속 안에서의 역할을 다음과 같이 강조하였다.

"그들의 모든 일, 기도, 사도직 활동, 부부 생활, 가정생활, 일상 노동, 심신의 휴식은, 성령 안에서 그 모든 일을 하고 더욱이 삶의 괴로움을 꿋꿋이 견뎌낸다면, 예수 그리스도를 통하여 하느님께서 기쁘게 받으실 영적인 제물이 되고(1베드 2,5 참조), 성찬례 거행 때에 주님의 몸과 함께 정성되이 하느님께 봉헌된다. 또한 이와 같이 평신도들은 어디에서나 거룩하게 살아가는 경배자로서 바로 이 세상을 하느님께 봉헌한다."(교회헌장, 23항)

이처럼 평신도의 세속성이 드러나는 주 영역은 부부생활, 가정생활, 그리고 사회이다. 이 세 영역을 넓게 세상 혹은 현세 질서로 정의할 수 있다. 따라서 그리스도인의 정체성을 따라 복음정신을 실천함으로써 세상의 성화에 이바지하는 것이 평신도의 고유한 임무이자 평신도 일상 영성의 목표이다.

평신도의 '일상'

평신도의 일상은 대립되는 두 영역, 이중적 삶이 교차하는 곳이다. 이 일상은 대부분 일work로 채워져 있다. 일은 일상의 전부는 아니어도 평신도가 영위하는 일상의 가장 특징적인 측면이다. 이 일은 "고되면서도 견딜 만하고, 평범하고 길들어 단조로우며 되풀이된다. 삶을 유지시켜주면서도 동시에 차츰 소모시킨다. 하지 않을 수 없지만 그런대로 즐거운 것이기도 하다."(라너, 2010: 11) 두 번째로, 일의 사이사이 혹은 일에서 떠나 멈춰 쉬거나 노는 시간이 있다. 이어 하루의 삼분의 일을 자는 잠, 먹기, 이 모든 일들을 준비하거나 돕는 일들(예를 들면, 세수, 배변, 걷기 등)이 있다. 그야말로 매일 반복돼 평범하다 못해 진부한 활동들로 채워지는 것이 일상이다.

이 일상 가운데 교회 안의 다른 두 신원과 평신도를 가장 크게 구별해주는 영역이 가정과 일이다. 따라서 평신도의 일상은 가정(성생활 포함)과 세속에서 하는 일이 중심이다. 이 두 영역은 관계로 채워져 있다. 이 관계는 기쁨, 잔치, 희망과 같은 긍정적 측면과 갈등, 분노, 좌절, 증오와 같은 부정적 측면들이 교차한다. 이 모든 차원들이 뒤섞여 전체 삶을 이루고, 이 전체의 삶이 겉으로 드러나 관찰할 수 있는 일상이 된다.(김상우, 2006: 102)

평신도의 '일상 영성'

일상은 우리 의식 안에서 흔히 '진부하고 주변적인 것'으로 폄하돼왔다. 늘 가까이 있어 친숙하지만 그 가치는 무시돼왔다.(김상우, 2006: 95) 대신 우리는 큰 것, 더 중요한 것, 플라톤의 이데아 같은 것을 선호하였다. 그 결과 내면에서 현실과 자신을 유리시키는 자기 분열적 소외가 일어났고, 이는 다시 일상을 자신과 분리시키는 사회적 소외로 이어졌다.

일상이 갖는 이러한 소외적 성격 탓에 평신도의 일상 영성은 이 소외를 극복하는 일을 첫째 과제로 삼는다. 이는 사회 전체가 인간 소외로 가득하다는 의미인데, 사회 전체에 대한 분명한 인식, 그리고 그 안에 있는 소외 요소들을 극복하려는 의지와 이를 극복하기 위한 구체적 실천도 일상 영성의 중요한 구성요소가 된다.[15]

일상사회학에서는 소외된 일상을 극복하는 방향을 '전인적 존재인 인간'으로 여겨왔다.(김상우, 2006: 103) 일상 영성은 그리스도교적 토대를 가지고 있으므로 '그리스도 안에서 최초의 인간 상태로 되돌아가는 것'이 방향이다.(Maloney, 1996: 22) 이를 실천하는 방법은 현대 가톨릭 사회교리에 잘 나타나 있다.[16]

일상 영성은 '삶에 목적, 방향과 좌표'를 제시한다. 이 방향은 마지막 순간까지 계속 이어진다. 이 방향에서는 영성생활과 세속생활이 분리되지 않는다. 이는 "평신도 생활의 매우 다양한 모든 영역이 하느님의 계획에 들어 있기 때문이다. … 모든 활동, 모든 상황, 모든 구체적 책임, 예컨대 노동의 숙련과 연대성, 가정 안에서 사랑과 헌신, 자녀 교육, 사회봉사와 정치생활, 문화 분야에서 진리 추구 등은 '믿음, 바람, 사랑의 끊임없는 실천'을 위하는 하느님의 섭리로 마련된 기회들"(평신도 그리스도인, 59항)인 까닭이다.

평신도가 영성생활과 세속생활을 일치시키기 위해 가장 먼저 해야 할 일은 '하느님과의 일치'(평신도 그리스도인, 17항)를 추구하는 것이다. 하느님과의 일치는 당연히 우리 안에서 '하느님의 현존現存'을 깨닫는 데서부터 시작된다.

우리 안에 살아 계신 하느님을 깨닫는 것을 돕는 것이 '기도생활'이다. 기도생활을 위해서는 먼저 외적으로나 내적으로 '침묵'을 지킬 수 있어야 한다. 이 침묵은 자신 안에 고독孤獨이 지배하는 독방을 만드는 것인데, 이 상태라야 완전히 마음을 열고 모든 것을 받아들이며, 하느님을 만날 수 있다. 일단 침묵을 유지할 수 있어야 다음 단계로 나아갈 수 있다.(Maloney, 1996: 24) 다음은 이 기도가 일상으로 이어지게 하는 것이다. 외적으로 침묵을 유지하기 위해서는 구별된 시간과 공간이 필요하다고 했는데, 이 시간과 공간을 확보하면 일상에서 내적 침묵을 유지할 수 있는 힘이 필요하다. 이렇게 외적·내적 침묵을 유지할 수 있을 때 일상이 기도가 된다.

진짜 수도자는 마음이 갈라지거나 분열되지 않는 사람인데, 이 상태는 일상 영성을 사는 평신도에게도 해당된다. 어떤 상황에서도 마음이 갈라지지 않아야 하느님과 일치할 수 있으니 말이다. 수도승을 외적 상태가 아니라 마음 혹은 영혼의 상태를 가리키는 것으로 이해하면 수도승을 하느님이 창조하신 인간의 '원형arche-type'으로 볼 수 있다. 원형인 이 씨앗이 모든 인간에게 뿌려졌으니 평신도도 수도승이 될 수 있다.

수도승이 되려면 마음을 흐트러트리지 않아야 한다. 마음을 흐트러트리지 않으려면 매 순간 마음을 살펴야 한다. 이것이 가톨릭 영성 전통에서 말해온 '마음 지키기'이다. 가톨릭 영성 전통에서는 이렇게 하느님과 일치를 이뤄가는 과정을 자기 자신을 깊이 있게 알아가는 과정으로 이해한다. 이 모습은 위대한 영성가들에게서 공통적으로 확인된다.

이 기도를 돕기 위해 평신도들이 일상에서 실천할 수 있는 방법으로 에바그리우스 폰티쿠스Evagrius Ponticus 교부[17]의 영성생활에 대한 가르침을 담은 『프락티코스Practikos』의 여덟 가지 생각을 제시한다. 영어로 실천에 해당하는 'practice'의 어원이기도 한 그리스어 '프락티케pratike'는 영성생활의 도달 목표인 '아파테이아apatheia'에 이르는 '영혼의 욕정부慾情部'를 정화하는 방법을 가리킨다. 이른바 영적 수련 내지 영적 방법이다.(Evagrius, 2015: 44) 이 책은 수도승에 해당되는 가르침을 담고 있으나 일상 영성의 본령에 이르는 일은 평신도도 예외일 수 없으니 참조할 가치가 충분하다.

에바그리우스 교부가 말하는 여덟 가지 생각은 "탐식·음욕·

탐욕·슬픔·분노·아케디아·헛된 영광·교만"(Evagrius, 2015: 65)
등이다. 이 여덟 가지를 세 부류로 나눠 살펴보자.

'탐식'은 건강에 대한 염려를 불러 일으켜 수행자에게 금욕
수행을 포기하도록 유혹한다. 먹는 것을 조절하지 못하면 건
강관리에 실패할 뿐 아니라 마음을 다스리는 데도 실패하기
때문에 탐식 조절이 중요한 영성 수련이다. 육체는 영적 수련
인 프락티케의 필수 도구이고, 육체는 먹이에 의존하므로 이
먹기 조절이 수련의 시작이 된다.(Evagrius, 2015: 65)

'음욕'은 "육체의 다양한 욕망을 자극하며 고행을 실천하는
사람을 더 강하게 공격하여 고행으로는 얻을 것이 없다고 느
껴 고행을 중단시키는 역할"을 한다. 음욕은 자신의 몸과 남의
몸이 맺는 관계에서 간음과 같은 불건강한 상태를 자극한다.
친교나 사랑을 위한 에너지로 통합시켜나가는 노력을 방해한
다.(Evagrius, 2015: 66) 이 때문에 육적 욕망 가운데 성적 욕망을
다스리는 일이 영적 수련에 큰 영향을 준다.

'탐욕'은 더 가지려는 욕망이다. 달리 말해 소유욕이다. 다
른 사람한테 인색한 태도도 탐욕이다. 탐욕은 소유물과 자
신을 동일시하지 않고 이와 거리를 둘 수 있을 때 다스려진
다. 세속생활을 하는 평신도에게 특히 필요한 태도다.(Evagrius,
2015: 66) 소유가 그 사람을 사람답게 하는 것이 아니라는 사실

을 깨닫는 일, 이른바 소유에서 자유로울 수 있는 삶의 방식을
선택하는 일이 수련이다.

이 세 가지는 인간의 기본 욕망과 관련돼 있다. 한마디로
'탐심貪心'으로 요약할 수 있다. 에바그리우스 교부는 이 인간
의 기본적 욕망, 즉 본능적 욕구가 육신(몸)을 통해 매개되므로
몸을 조절하고 다스리는 일을 중요한 영적 수련이라 보았다.

두 번째 영역은 분노와 관련되는 우울, 분노, 권태와 유사한
'아케디아'이다. 우울은 "갈망하는 것을 얻지 못한 데서 생기
고, 이는 분노를 동반한다."(Evagrius, 2015: 66) 욕망이 충족되지
않을 때 나타나는 좌절감이나 무력감, 현실에 직면하지 못하
고 과거를 그리워하거나 미래로 도피하는 심리적 상태를 가리
킨다. 이를 치유하는 방법이 '지금 여기'에 머무는 수련이다.

'분노(화)'는 "가장 격한 욕정이다. 그것은 우리에게 불의를
행했거나 행한 것처럼 보이는 사람에 대한 흥분과 영혼의 동
요다."(Evagrius, 2015: 67) 욕망이 좌절될 때 나타나는 감정이다.
이는 분노의 순간을 관찰하면서 상대방을 공격하는 대신 자신
을 있는 그대로 받아들일 때 해결된다.

'아케디아'는 공간과 맺는 관계에서 온다. 특히 정주하는 삶
을 선택한 수도승들에게 매우 강한 유혹이다. 한곳에 오래 있
지 못하도록 권태를 느끼게 만들어서다. 평신도의 삶에서는

자신의 일이나 결혼에 염증을 일으키는 유혹으로 나타날 수 있다.(Evagrius, 2015: 67~68)

세 번째 영역은 어리석음에 해당한다. '헛된 영광'과 '교만'이 속한다. '헛된 영광'에는 자만심, 허영, 자아 확장, 인정 욕구 등이 들어간다. 자신을 드러내 다른 사람들한테서 긍정적 평판을 기대하거나 추구하는 행위다.(Evagrius, 2015: 69) '교만'은 "영혼에게 하느님의 도우심을 인정하지 못하게 하고, 자기가 선행의 원인이라 믿게 만든다."(Evagrius, 2015: 70) 이는 자기를 하느님 자리에 갖다놓는다.

에바그리우스는 이 세 영역, 여덟 가지의 생각이 '영혼을 괴롭히느냐 않느냐는 우리 능력 밖에 있지만, 그 생각들이 영혼 안에 머무느냐 않느냐는 우리에게 달렸다'고 하면서, 영적 수련이 이를 돕는 데 중요하다고 생각하였다.(Evagrius, 2015: 65) 그리고 이 영적 수련에서 육체의 중요성, 즉 육을 조절(혹은 제어)하는 것의 중요성을 강조하였다. 육을 단련하여 조절이 가능할수록 육은 '악령에 맞서 싸우는 정신의 피난처'가 될 수 있다고 보았던 것이다.(Evagrius, 2015: 54)

이처럼 여덟 가지의 생각을 다스리는 일을 수련이라는 뜻의 '프락티케'라 한다. 육을 조절하여 마음을 다스리는 일이다. 다음은 이 생각의 한 단면이다. "독서와 밤샘, 그리고 기도

"평신도가 추구하는 일상 영성의 목표는

삶과 기도를 일치시키는 것이다."

는 산만한 정신을 안정시킨다. 굶주림과 수고와 고독은 불타는 갈망을 잠재운다. 시편 낭송과 인내와 자비는 흥분한 영혼을 진정시킨다. 그러나 이 모든 수행은 적절한 때 적당한 정도로 이루어져야 한다. 극단적으로 무리하게 행해진 것은 잠시밖에 지속되지 못한다. 잠시 지속되는 것들은 오히려 해롭고 무익하다."(Evagrius, 2015: 71) 몸(=육)을 잘 다스려야 정신(=마음)도 잘 다스릴 수 있다는 생각을 이렇게 표현한 것이다.

누구든 이렇게 여덟 가지를 잘 다뤄나가면 내적 평정, 고요함, 내적 자유의 상태인 '아파테이아'에 이른다.[18] 어느 쪽으로도 치우치지 않는 마음의 상태에 이르는 것이다. 이 상태가 유지되면 신앙인은 삶과 죽음 어느 것에도 집착하지 않게 된다. 여기에 이르게 하는 것이 덕Virtus의 실천인 프락티케이다.

에바그리우스 교부가 가르친 대로 프락티케를 실천하면 아파테이아에 이르고, 그 상태에 이르면 내가 있는 곳이 어디든 그곳은 기도의 시간과 공간으로 변한다. 이렇게 기도와 삶을 일치시키는 것이 평신도 일상 영성이 추구하는 목표다.

조화와 균형의 길

나는 일상을 극복하기보다 있는 그대로 인정하고 그 안에서 한계를 확장하는 삶의 방식을 일상 영성이라 부르고 싶었다. 이를 더 구체화하면 먼저 일상을 긍정하고 이어 에바그리우스 교부의 가르침대로 프락티코스를 실천하여 '덕德, Virtus'[19]에 이르며 궁극에 일상을 극복이 아니라 향유 대상으로 삼으려는 것을 일상 영성이라 부르고 싶었다. 사실 우리에게 일상을 뛰어넘는 영역은 존재하지 않는다. 비非일상성도 일상에 기초를 두고 있으니 말이다. 따라서 일상을 잘 사는 일이 결국 인생을 잘 사는 방법이다.

일상 영성을 달리 '조화와 균형'으로 바꿔 부를 수도 있다. 평신도가 사회생활과 신앙생활, 몸과 마음, 자신의 내면생활과 이웃과의 관계 등에서 조화와 균형을 유지하기란 쉬운 일이 아니다. 조화와 균형은 산술적 평균이나 아무런 입장도 취하지 않는 모호한 중립도 아니다. 늘 변화하는 상황에서 적절한 때, 적절한 말과 행동을 선택하는 일이다. 그런데 이런 일은 저절로 되지 않는다. 끊임없이 부딪히고 각 상황들을 객관적으로 성찰하려 노력하는 가운데 서서히 얻어진다.

몸은 습관에 젖어 나의 뜻대로 움직이려면 오랜 시간 단련시켜야 한다. 공자도 칠십이 되었을 때야 비로소 '마음을 따라 자유롭게 행동해도 법도에 어긋나지 않았다'從心所欲不踰矩고 하였다. 부단한 노력을 하는 이들도 이리 오랜 시간이 걸려 이

상태에 이르는데 그렇지 않은 이들이야 두말할 나위 없다.

서두르지 않고 천천히 그러나 꾸준히 기도할 때 우리도 '섞이지만 동화되지 않는和而不同' 상태에 이를 수 있을 것이다.[20] 그리스도인은 이 과정에서 그리스도의 은총을 기대할 수 있다. 하지만 노력하지 않는 자에게 은총이 허락될 것 같지 않다. 아마도 우리에게 최선은 에바그리우스 교부가 가르친 대로 끊임없이 '프락티코스'를 실천하는 것이리라.

금욕

제2장

욕구와 욕망

우리는 중요한 일을 이루려 할 때 자신의 생물학적 '욕구needs' 를 억제하는 경향이 있다. 이때 생물학적 욕구들을 대표하는 세 가지는 '식욕, 수면욕, 성욕'이다.

우리 시대에는 굶는 일보다 과식이 더 흔해서인지 일부러 굶는 이들이 많다. 이들은 자신의 건강을 위해서나 남이 보기 에 좋은 몸매를 유지하기 위해 식욕을 참는다. 물질적 풍요가 실현되면서 생존에 가장 필수적이었던 식욕이 '건강과 아름다움'을 위해 억제되고 있는 것이다.

잠을 일부러 자지 않거나 줄이는 사람도 많다. 내가 대학 입시를 준비하던 시절 유행하던 '4당 5락'이라는 말이 이를 잘 보여준다. '4당 5락'은 입시에서 일류대에 4시간 자면 붙고 5시간 자면 떨어진다는 뜻이었다. 이 말은 남들과 능력이 같으면 잠이라도 줄여 앞서가야 한다는 생각을 달리 표현한 것이다. 과거엔 잠을 안 재우는 일이 큰 고문이었을 정도로 잠이 큰 욕구였는데 이제는 다른 무엇을 이루기 위해서거나 자야 할 이유가 없어 자지 않는다.

운동선수들은 중요한 시합이 있을 때 '성생활'을 하지 않는다. 그뿐이랴! 자신이 이루고 싶어 하는 일에 정성이 필요하다고 느끼면 사람들은 자발적으로 성욕을 억제한다. 이처럼 사람들은 종교적 이유가 아니더라도 좋은 것을 얻기 위해 본능이라 여겨온 생물학적 욕구마저 억제한다.

이러한 생물학적 '욕구'는 어떤 방식으로든 채우고 나면 사라지는 특징이 있다. 일예로 배고픔은 먹으면 해결되고, 졸음은 자고 나면 해결되는 식이다. 그러나 '욕망desire'은 욕구와 다른 면모를 가지고 있다. 한계가 없다. 다 채울 수 없다. 재물욕, 명예욕, 권력욕이 이런 부류에 속한다. 이 욕구들은 대부분 갖고 싶어 하는데 희소稀少하고 또 웬만해선 채워지지 않는다. 놀라운 일은 이런 속성 탓에 단순했던 욕망도 자주 갈망으로 변질되곤 하는 점이다. 안타깝게도 이런 갈망이 있으면 누구도 마음의 평화를 누리지 못한다, 그래서 대부분 이 욕망이 채워졌을 때 몸과 정신이 망가져 그 열매를 맛보지 못한다.

이제 세상 사람들은 종교적 목적과 무관하게 세속적인 목적을 추구하기 위해서도 욕구와 욕망을 억제한다. 이런 노력이 넘칠수록 과연 신앙인의 금욕이 이 시대에도 의미를 가질 수 있는지 묻게 된다. 굳이 필요하다면 어떤 이유에서 또 어떻게 다른지 알고 싶어지는 것이다.

나는 시대가 아무리 변해도 인간이 몸을 가진 존재인 이상, 그리고 마음이 욕망에 시달리는 이상 행복한 삶을 살기 위해 금욕이 필수적이라 생각한다. 실제로 나는 생물학적 욕구를 조절하지 않고는 영성생활이 풍요로울 수 없다는 사실을 자주 체험하였다. 그리스도교 영성사에서도 훌륭한 신앙인들은 생물학적 욕구 외에 정신적 욕망들도 잘 조절하였다. 물론 이 조절이 쉬운 일은 아니다. 금욕의 본래 의미가 '훈련이나 단련'을 뜻하였듯 규칙적이고 지속적인 연습을 통해서만 가능하다.

금욕

우리 말 사전에서 금욕禁慾은 '욕구나 욕망을 억제하는 행위'로 정의되고 있다.[1] 머리말에서 내가 사용했던 의미와 비슷하다.

그리스도교 영성신학에서 사용하는 금욕Askese[2]은 '훈련', '연습', '덕행을 위한 수련'을 뜻하는 그리스어 '아스케시스$\alpha\sigma\kappa\eta\sigma\iota\zeta$'에서 왔다.[3] 그리스도교에서는 이 말이 '그리스도인이 하느님과의 일치를 준비함'을 뜻하기도 한다.

금욕이 이러한 뜻으로 사용되는 사례가 처음 나타나는 그리스도교 저술들로는 알렉산드리아 학파에 속한 신학자들, 클레멘스와 오리게네스의 것들이 있다.(Weismayer, 1983: 289)

카를 라너는 이 단어의 뜻을 세 가지로 나눠 설명하였다. 첫째, 인간이 추구하는 다양한 노력들을 하나로 조화시키려는 노력, 즉 자기 훈련과 절제로 '중용의 덕'에 도달하려는 노력을 금욕이라 하였다. 다만 '그리스도교적 금욕'은 이 노력을 훨씬 능가한다. 둘째, 종교 의식儀式 측면에서 '종교 의식에 참여하기 위해 미리 갖춰야 할 자세'인 '절제와 포기'를 뜻하였다. 인간은 이를 통해 '세속을 초월해 성사적이고 초월적인 거룩함'으로 넘어갈 수 있다. 이 차원은 그리스도교 영성사에서 그리스도인다운 태도에 큰 영향을 주었으나 이 역시도 동기 측면에서는 그리스도교의 것과 차이가 있다. 셋째, 인간을 하느님 체험으로 이끄는 도구이다. 물론 이 준비가 체험의 조건은 아니다.[4] 체험은 선물로 주어지기 때문이다.(Weismayer, 1983: 289~90)

철학이나 종교에서는 신학보다 외연을 더 넓혀 '인간 정신과 의지의 훈련'이라는 정신적이고 윤리적 의미까지 금욕에 포함시킨다. 이러한 의미는 그리스 철학자들에게서 나타난다. 일예로 소크라테스는 용기와 정의를 갖춘 인간이 되기 위해 온갖 무절제에서 벗어나야 한다고 주장하였다. 스토아학파 역시 생각과 욕망을 지배하고, 그러한 욕망에서 자유롭기 위해 금욕이 필수라 생각하였다. 금욕을 윤리적 덕목인 절제와 밀접하게 관련시켰을 뿐 아니라, 종교적 의미까지 부여하여 명상, 신비, 지복직관 등의 의미로 이해하였다.[5]

이러한 이해는 알렉산드리아의 클레멘스Clemens Alexandrinus 와 오리게네스Origenes에게 영향을 주어 마침내 그리스도교 금욕 이해에 큰 기여를 하게 된다. 이 두 신학자들은 금욕을 하느님과 일치하는 데 필수 요소라고 생각하였다. 욕망이나 애욕愛慾 같은 장애물을 제거하고, 끊임없는 명상과 기도를 통해서만 하느님과 일치할 수 있다고 본 것이다. 이때 금욕은 덕행의 훈련, 진리에 대한 인식의 훈련, 참회와 절제의 훈련 등으로 바꿔 쓸 수 있다.

신비주의적 그리스도교가 확산되었던 중세에는 금욕을 신비 체험을 위한 방편이자 신앙생활의 목표로 여겼다. 17세기에 이르러 금욕이 신학적 용어로 재등장하여 신비 개념과 결합하게 되었고 그 결과로 신비주의 신학, 영성신학이라는 학문이 시작될 수 있었다.

신학적 의미의 '금욕'은 은총에 이르는 필수조건이 아님에도 신학자들은 '하느님과 일치하는 데 필수조건'으로 이해해왔다. 이로 인해 종종 펠라기우스주의에 기우는 이들이 나타나기도 하였다. 현대 신학에서는 하느님과의 인격적 일치를 목표로 하는 성덕(聖德, 혹은 금욕)을 '하느님의 선물이면서도 인간의 협조가 필요한 일'로 보고 있다.(김승혜, 1994: 1039) 이는 하느님 은총의 우선성을 인정하면서도 인간이 나름의 노력을 통해 하느님께 협조해야 한다는 생각을 담고 있다. 나도 이 생각에 동의한다.

성경의 금욕

금욕의 그리스도교적 의미를 바르게 이해하기 위해서는 이 말이 성경에서 어떤 의미로 사용되는지 아는 것이 중요하다.[6] 특히 예수를 그리스도로 고백하는 그리스도인에게 신약성경의 주요 인물들이 이 금욕을 어떻게 이해하고 실천했는지 살펴보는 것이 중요하다.

금욕에 해당하는 그리스어인 '아스케인askein'은 신약에서 사도행전 24장 16절에 단 한 번 사용된다.[7] 그러나 이 단어의 뜻은 앞에서 살펴본 의미와 조금 달랐다. 신약성경에서는 이 외에도 그리스도인에게 필요한 노력을 가리키기 위해 '투쟁'과 '훈련'을 여러 차례 금욕과 비슷한 의미로 사용하였다.(1코린 9,24~27[8]; 필리 3,13~14; 2티모 4,7~8) 신약성경에서는 금욕이 어떤 형태로든 인간의 존재론적 상황과 밀접히 연결되며 사용되었다.

아담

하느님께서 창조하신 인간이 처해 있던 최초의 상태를 묘사하는 다음 구절은 하느님이 인간의 존재론적 상황을 어떻게 규정하셨는지 잘 보여준다.

> "너는 동산에 있는 모든 나무에서 열매를 따 먹어도 된다. 그러나 선과 악을 알게 하는 나무에서는 따 먹으면 안 된다. 그 열매를 따 먹는 날, 너는 반드시 죽을 것이다."(창세 2,16~17)

이 구절은 하느님께 생명을 부여받은 인간, 즉 아담의 상황 자체가 이미 부단한 유혹의 현실에 직면해 있음을 보여준다. 물론 이는 인간이 이러한 유혹을 이겨내야 함도 보여준다. 이렇게 인간은 하느님에 의해서만 자신의 '현존'을 올바로 이해하고, 구원을 얻을 수 있다.

이러한 인간은 자신을 지키기 위해 유혹을 이기는 금욕적 존재가 되어야 했다. 하지만 아담은 유혹을 이기지 못했다. 그로 인해 그의 후손들은 하느님과 올바른 관계를 유지하기 위해 큰 희생과 가혹한 투쟁을 통해 유혹을 이겨내야 했다. 이때부터 인간은 끊임없는 유혹에 대한 부단한 투쟁, 욕망을 철저히 자제하는 노력을 통해서만 구원 대상이 될 수 있었다.

창세기 다음에 나오는 구약성경의 다른 책들은 이러한 인간 상황을 잘 보여주고 있다. 신명기 역사관이 대표적이다. 하느님의 계속된 요구(명령), 하느님의 계명을 온전히 지키지 못하는 인간의 나약함(타락 내지 죄), 하느님의 분노(와 벌), 인간의 회개와 그에 대한 하느님의 용서, 이 사이클이 반복되는 현실 속에서 인간은 유혹이라는 어두운 그림자에 계속 직면하게 된다. 이 반복되는 사이클을 벗어나려면 누구나 금욕을 실천해야 한다.

이러한 상황은 예수님에 와서 절정에 이른다. 신약성경은 인간이 자발적으로 그리고 부단하게 이 세상적인 것을 희생시키는 사례들을 전해준다. 독신으로 가난하게 살았던 세례자 요한의 삶 속에서도 이 모습을 발견할 수 있다.

세례자 요한과 예수님

세례자 요한은 이미 그의 차림새와 행동에서 이 세상에서 완전히 벗어난 모습을 보여주었다. 마르코 복음 1장 6절을 보면

"요한은 낙타 털 옷을 입고 허리에 가죽 띠를 둘렀으며, 메뚜기와 들 꿀을 먹고 살았다"고 되어 있다. 이 구절에서 요한은 금욕을 철저히 실천하는 모습으로 그려진다. 예수님께서는 그를 일컬어 "요한이 와서 먹지도 않고 마시지도 않자, '저자는 마귀가 들렸다' 하고 말한다"(마태 11,18)고 함으로써 그가 철저히 금욕을 실천한 사람이었음을 증언하였다.

예수님의 삶은 단순한 절제나 금욕 이상이었다. 예수님 역시 추종자들에게 세속적 삶을 포기하는 윤리적 자세를 가르치고 온갖 유혹을 이길 수 있는 단식, 훈련 등 금욕적 삶의 태도를 가르치셨다.[9] 하지만 당신 자신은 이와 다른 자유로운 모습을 보여주셨다.

> "사람의 아들이 와서 먹고 마시자, '보라 저자는 먹보요 술꾼이며 세리와 죄인들의 친구다'라고 말한다."(마태 11,19)[10]

또한 겉으로 드러나는 삶에서 '강한 이탈의 성격'도 자주 보여주셨다. "가족을 떠났고(마르 3,20~21. 31~35 참조), 방랑하며 하느님 나라를 선포하느라 자신의 머리를 기댈 장소조차 갖고 있지 않으셨다."(마태 8,20; 루카 9,58)[11] 더 나아가 인간들의 운명을 대신하여 비참한 최후를 맞는 금욕의 전형典型이 되셨다.

히브리서 12장 2절에는 이 모습을 "우리 믿음의 영도자이시며 완성자이신 예수님을 바라봅시다. 그분께서는 당신 앞에 놓인 기쁨을 내다보시면서, 부끄러움도 아랑곳하지 않으시고 십자가를 견디어내시어"라고 묘사하고 있나. 콜로새서 2장 14절에서 바오로 성인은 "우리에게 불리한 조항들을 담은 우리의 빚 문서를 지워버리시고, 그것을 십자가에 못 박아 우리 가운데에서 없애버리셨습니다"라고 고백하였다.

이는 하느님과 일치하기 위해 사셨던 예수님의 삶에 대한 고백이자 동시에 하느님과의 일치를 원하는 인간들이 나아가야 할 방향을 제시해준 사례다. 인간의 죄를 대속하기 위해 자신의 죽음까지 불사하셨던 예수님의 금욕적 삶이 바로 그리스도인이 동참해야 하는 삶임을 복음서가 제시하고 있는 것이다.

바오로

바오로는 세속 재물과의 관계, 소유에 대한 가르침 외에도 철저한 윤리적 태도를 요청하는 말을 많이 하였는데 그의 생각은 크게 두 가지로 나뉜다. '철저한 사랑 실천'과 '철저한 독신'이었다.

철저한 사랑 실천의 예는 다음에서 볼 수 있다. 바오로는 박해자를 축복하고(로마 12,14; 1코린 4,12), 그들에게 선한 일을 행하

라고 요구하였다.(로마 12,20) 그리스도인은 화 내지 말아야 하고
(콜로 3,8; 에페 4,26.31), 악을 악으로 갚지 않아야 한다(로마 12,17; 1
테살 5,15)고도 강조하였다. 누구를 탓할 일이 있어도 참아야 하
고(콜로 3,8; 에페 4,26.31), 서로 남의 짐을 져 주어야 한다.(갈라 6,2)

철저한 독신주의의 예로는 성인이 오직 주님만을 섬기기 위
한 표지로 독신 생활을 권고한 예(1코린 7,25~35)를 들 수 있다.
혼인, 슬픔, 기쁨, 소유에 대하여 거리를 유지하라고 요청하는
경우를 가리키는 '종말론적 유보'(1코린 7,29~31)의 가르침도 그
의 서간에서 발견된다.

이처럼 신약성경에서 말하는 '금욕'의 핵심은 믿음, 희망,
그리고 사랑의 덕에 내포된 '강하고 수고스러운 행위'에 있었
다. 예수님은 당신 스스로 율법에서 자유로우셨고, 기존 질서
에서 이탈하는 자유로운 면모를 보여주셨음에도 제자들에게
는 금욕적인 삶을 강조하셨다. 현대 신학자들이 은총과 성덕
을 향한 노력을 절충하려 시도한 것은 예수님이 보여주신 이
와 같은 모습에서 비롯하였을 것이다.

바오로 성인은 그 자신이 철저한 금욕 실천가였고, 신자들에
게도 그런 모습을 요구하였다. 그러나 그의 이 엄격한 태도는
재림이 지연되고 종말의 긴장이 이완되면서 일상의 중요성이

커진 초기 그리스도교 공동체의 현실을 반영하는 측면이 강하다. 이렇게 일상이 중요해지면 하느님 은총에 대한 인간의 응답은 수덕적 요소들을 지니게 된다.(Weismayer, 1983: 296) 이 점이 가톨릭 영성사에서 발견되는 중요한 특징 가운데 하나다.

초기 그리스도인

초기 그리스도인들은 재림이 임박했다는 생각으로 살았고 재림의 정확한 시간을 알지 못했음에도 현세에서 재산을 모으거나 세속 일에 전념하는 것이 별 도움이 되지 않는다는 사실을 잘 알고 있었다. 그들은 주님의 재림을 기다렸고, 기다리는 기간이 처음 예견된 것보다 지연되는 것이 분명해졌을 때도 재림을 결코 포기하지 않았다.(Aumann, 2011: 45) 이 시기의 그리스도인의 생활을 묘사한 〈디오그니투스에게 보내는 편지〉가 이 모습을 잘 보여준다.

"그들은 자신들의 조국에서 마치 거류자들처럼 살고 있습니다. 그들은 시민으로서 모든 권리가 있는 데도 이방인처럼 고통을 당합니다. 그들에게 외국은 어느 곳이나 조국이며 모든 조국 또한 외국입니다. 그들은 남들처럼 결혼해서 아이를 낳지만 자식을 버리지 않습니다. 그들은 자유로이 친절을 베풀지만 순결을 지킵니다. 그들은 '이 세상에 태어났지만' 세속적으로 살지 않습니다. 그들은 지상에서 세월을 보내지만 하늘나라의 백성이 될 권리가 있습니다. 그들은 정해진 법에 복종하고 자신들의 삶에서는 그 법을 초월합니다. 그들은 모든 사람을 사랑하지만 그들로부터 박해를 받습니다. 그들은 잘 알려져 있지 않고 또 비난받습니다. 그들은 죽음을 당하지만 생명을 얻습니다."

초기 그리스도인들의 삶에서 금욕은 하느님에 대한 인간의 헌신과 귀의를 뜻하였다. 그러므로 인간이 하느님에 대한 믿음에 바탕을 두고 금욕적 생활을 실천할수록 그 실존의 근본을 더 잘 이해하게 된다. 인간은 자신의 약함에도 불구하고 각자의 한계, 나약함, 고통 , 좌절, 허무 등을 잘 받아들일 수 있게 되는 것이다.

신앙인이 이러한 태도를 철저하게 익히고 받아들일수록 더분명하게 하느님의 뜻을 알고 체험하게 된다는 것이 수많은 신앙의 선조들이 증언하는 바다. 재림의 긴장이 강했을 때는 금욕에 대한 열망이 강하였고, 실제 삶에서도 금욕에 철저하였다. 재림의 긴장이 느슨해졌을 때도 그리스도인은 이미 세상의 삶을 거스르고 있었기에 금욕을 여전히 중요한 삶의 자세로 여겼다. 그러나 이 역시도 금욕이 그리스도교 구원이나 은총의 필요조건임을 입증해주지 않는다. 인간의 자발적인 협력이라는 측면에서만 강조될 뿐이다.

교부

교부들의 시대에는 절제를 뜻하는 그리스어 '엔크라테이아 enkrateia'에서 파생된 'encratism(금욕주의)'의 경향을 띠었다. 이때 금욕은 주로 먹는 것과 결혼생활에서 성의 절제를 가리켰다. 이 경향은 육체를 죄스러운 것으로 보는 이단이나 이원론적 영지주의의 영향으로 이 시대에 특히 더 강화되었다.(Weismayer, 1983: 299)

이러한 체계들의 형이상학이 그리스도교의 가르침과 배치되는 것이었음에도 교부들의 문헌에는 이를 암시하는 표현들이 자주 등장한다. 이들이 절제를 강조하자 이에 영향을 받아 그리스도인의 일상생활, 결혼생활과 가정생활 등의 가치를 경시하는 태도도 나타났다. 육체나 육체적인 것을 악으로 여기는 정도까지 나아가지는 않았지만 육체적인 것을 죄의 원인으로 멸시한 것은 사실이었다. 이들은 육을 하느님의 피조물이

아닌 것으로 보고 싶어 했다.(Weismayer, 1983: 299)

이러한 경향이 이 시대에만 있었던 것은 아니고 모든 시대에 존재했다. 우리 시대도 마찬가지다. 프란치스코 교황은 『기뻐하고 즐거워하여라』에서 이 경향이 극단에 이른 모습의 예로 영지주의를 들었다. 그는 '이들은 지성을 육신과 별개의 것으로 생각한다. 또한 다른 이들 안에서 고통 받으시는 그리스도의 몸을 어루만지는 일이 불가능하다고 여긴다. 결국 신비에서 육신을 배제한다.'(37항) 이들이 '육신에서 벗어날 수 있는 영성으로 위장할 때 더 현혹적이다. 이들은 모든 신비를 조종하려 한다'(40항)며 이 경향을 비판하였다. 금욕은 필요하지만 육을 경시하고 정신과 영을 절대화하면 안 된다는 것이다.

평신도의 영성생활과 금욕

그러면 금욕이 우리 같은 평신도의 영성생활에 어떤 의미가 있을까? 은총에 이르는 필수조건은 아니면서도 가톨릭 영성사에서 계속 강조돼온 금욕을 우리 생활에서 어떻게 이해하고 실천해야 할까?

신앙 선조들의 모습에서도 그렇고 내 개인의 삶에서도 '하느님 앞에 사는 삶과 하느님과 함께하는 삶'에서 '금욕'은 빼놓을 수 없는 덕목이다. '독서, 묵상, 기도'를 매일 할 때 몸과 마음이 하느님을 향하고 또 그렇게 사는 것이 생활방식으로 변하는 것을 체험하는 것은 금욕 덕이다. 이러한 금욕적 노력이 생활에서 열매로 드러날 때도 금욕의 중요성을 확신하게 된다.

내가 하는 금욕의 노력 가운데 한 가지는 '홀로 하느님과 함께하며 하느님께만 바치는 기도의 시간'과 '그분의 현존을 충만하게 느끼는 침묵의 시간'을 자주 갖는 것이다.(『기뻐하고 즐거워하여라』 149항) 다른 이들과 매주 평일 날 저녁 하루 함께하는 '기도 모임', 교회 공동체의 다양한 영성 모임들에 참여하는 데서도 금욕은 필수적이다. 이웃 사랑을 실천하기 위해 많은 수고를 인내하면서 감당해야 하기 때문이다. 세상일의 대부분을 차지하는 노동, 활동, 공부도 이웃에 대한 책임감과 금욕 정신이 없으면 좋은 결과를 얻기 어렵다. 이처럼 평신도가 모든 일에서 책임감을 가지고 성실하게 임하는 것이 금욕이다.

평신도가 실천할 수 있는 금욕 방법들에 대하여 여러 성인들이 길 안내를 해주었다. 여기서는 이냐시오 성인, 프란치스코 살레시오 성인과 프란치스코 교황의 길을 소개한다.

먼저 이냐시오 데 로욜라Ignatius de Loyola 성인이다. 성인은 자신의 역작 『영신수련Exercitia spiritualia』에서 신자들이 금욕을 실천하는 방법을 자세히 가르쳤다.

성 프란치스코 살레시오

니콜라 기 브르네Nicolas-Guy Brenet, 18세기, 파리국립도서관

"산책을 하고 걸어서 여행하고 달리는 것이 육체적 수련이듯이, 영혼이 과도한 집착에서 벗어나도록 준비시켜주는 모든 방식을, 그리고 그 집착이 사라진 다음 우리 영혼의 구원을 위해 우리가 의도하는 삶에서 하느님의 뜻을 추구하고 찾는 모든 방식을 영신 수련이라 부른다."(Ignatius, 2015: 15)

성인은 이 『영신수련』에서 기도 방식, 기도 자세, 기도할 때의 호흡법을 안내한다. 또한 매일 양심 성찰을 실천할 것을 강조하고 정신의 분별력을 키우는 데 필요한 규율도 정교하게 만들어 제시했다. 음식과 잠심, 오감의 관리와 참회 실천, 겸손에 관한 규칙도 만들어 제시하였다.(Johnston, 2007: 162) 이러한 세세한 방법들이 그리스도인이 금욕을 실천할 때 유용하다.

두 번째는, 평신도를 위해 처음 영성안내서를 쓴 프란치스코 살레시오Franciscus de Sales 성인의 가르침이다. 성인은 자신의 저서 『신심생활 입문Introduction à la vie dévote』 3부와 4부에서 평신도들이 실천할 수 있는 다양한 금욕 방법들을 소개하였다.

이 가운데 '외적 고행'을 예로 들어본다. 우선 금욕에 해당하는 금식禁食에 대한 가르침이다. 성인은 "금식의 효과는 정신을 하느님께로 향하게 하고, 육욕을 억제하며 덕을 닦게 함으로써 하늘나라에 공을 쌓는 것"이라 전제하고 구체적인 방법을 다음과 같이 제안하였다.

"금식재 외에 식탐을 절제하고 온갖 육체의 감각을 성령의 가르침에 따르도록 하는 것도 중요하다. 그러나 자주 금식하거나 과도하게 하면 금식 이후 식탐에 빠질 위험이 있다. 그리고 금식으로 몸이 허약한 상태가 되면 의지가 약해진다. 즉 중용을 잃고 과도한 금식이나 매일 고복苦服 착용 등의 고행을 하면서 귀중한 세월을 허송하게 된다. 가혹할 정도로 몸을 혹사하면 나중에 몸을 돌보느라 그만큼 더 애를 써야 하므로 처음부터 자기 상황에 알맞은 수행을 하는 것이 현명하다. ⋯ 정도에 맞게 습관을 계속 조절하는 것이 일시적이고 과도한 금식이나 금식 뒤 영양 보충을 이유로 과식을 하면서 과식을 번갈아 하는 것보다 훨씬 더 효과적인 신심수행이다."(살레시오. 2015: 317~19)

성인은 육체적 고행 못지않게 감정과 마음을 다스리는 일의 중요성도 강조하였다.

"우리의 죄를 씻으려면 육체적 고행을 하는 것도 좋지만 무

엇보다 감정을 정화하고 마음을 새롭게 다져야 한다."(살레시오. 2015: 322)

혼인한 신자들의 성생활에 대해서도 다음과 같이 가르쳤다.

"정결덕의 1단계는 금지되어 있는 쾌락, 즉 혼외의 쾌락이나 결혼생활 내에서도 자연의 법칙을 거스르는 쾌락은 결코 받아들이지 않는 것이다. 정결덕의 2단계는 허락된 쾌락일지라도 과도하게 누리지 않는 것이다. 정결덕의 3단계는 정당한 쾌락일지라도 그것에 애착하지 않는 것이다. 신성한 결혼 제도의 목적을 이루기 위해서는 필요한 쾌락을 누려야 하지만, 이것에 집착해서는 안 된다. … 결혼생활에서 정결은 성욕을 완전히 끊는 것이 아니라 그 정도正道를 지키는 것이다. … 어느 정도 욕망을 허용하면서 절제하기란 처음부터 단절하는 것보다 훨씬 더 어렵다. … 결혼한 사람이 들불 번지듯 타오르는 비루한 욕정에 끌려다니다 보면, 혼인의 정당한 목적과 울타리를 벗어나 육욕에서 육욕으로 전전하게 된다. … 욕정을 다스릴 수 있도록 하느님께서 혼인성사를 통해 지정하신 성욕은 축복의 양약이지만, 이를 주의하지 않고 과용할 때에는 큰 위험을 초래하는 독약이 된다."(살레시오. 2015: 265~68)

살레시오 성인이 제시하는 금욕의 방법은 '중용'이다. 지나쳐도 모자라도 안 되는 것이다. 이 방법은 바람직하긴 하지만 막상 생활에서 실천하긴 어렵다. 오히려 극단적 고행이 더 쉬울 수 있다. 모든 일에서 '때에 맞고,[12] 엘리트주의에 기울지 않으며, 그렇다고 게으르지도 않을 수 있는 것'은 아무나 할 수 있는 일이 아니기 때문이다. 우리 식으로 표현하면 '완덕'에 이른 이들만이 할 수 있는 방법이다. 따라서 성인의 가르침은 일상에서 작지만 꾸준한 실천을 해야 함을 강조하신 말씀으로 이해된다.

프란치스코 교황은 『기뻐하고 즐거워하여라』에서 금욕을 어렵게 생각하지 말라고 가르쳤다.

> "우리는 흔히 성덕은 일상생활과 거리를 두고 많은 시간을 기도에 할애할 수 있는 사람들만을 위한 것이라고 생각하는 경향이 있습니다. 그런데 그렇지 않습니다. 우리는 모두 사랑으로 살아가고 각자 어느 곳에 있든 날마다 자신이 하는 모든 일에서 고유한 증언을 하면서 거룩한 사람이 되라고 부름 받고 있습니다."(14항)

일상에서 각자의 처지에 따라 '작은 몸짓'(16항)[13]으로 시작해, '하느님께서 각 사람에게 안배해주신 개인적 은사(1코린 12.7 참조)인 자신의 최고 장점을 발휘하는 것'(11항)으로까지 나아가면 된다. 여기에는 '인터넷 및 디지털 소통 공간에서 도에 지나친 폭언, 비방, 명예 훼손, 거짓 증인'들을 하지 않는 것'(115항), 일상에서 나에게 다가오는 수많은 굴욕屈辱을 참아 견디는 것(119~122항), 악惡과의 영적 투쟁을 위하여 '믿음으로 충만한 기도, 하느님 말씀의 묵상, 미사 참여, 성체 조배, 고해성사, 자선 활동, 공동체 생활, 선교활동'(162항)에 의지하는 일 등이 포함된다.

프란치스코 교황의 가르침도 완덕에 이르는 길인 금욕이 매우 쉬운 일처럼 들린다. 하지만 이 역시도 완덕에 이른 사람만이 가능하다. 남들이 하는 뒷담화에 동조하지 않는 일은 쉬워 보이지만 완덕에 이르지 않고는 실천하기 어려운 일임을 우리는 잘 안다. 평범해 보이는 일일수록 몸에 배인 덕이 아니고는 실천하기 어렵다는 사실을 말이다. 따라서 프란치스코 교황의 권고도 작은 일에서부터 시작하라는 격려로 알아들어야 한다.

자라고 깊어지는 영성

"바다 속에 살고 있으면서도 진주조개 속의 진주가 한 방울의 짠물도 삼키지 않는 것처럼, 바다 한가운데 있으면서도 첼리도니아 제도의 섬에 있는 샘에서는 단물이 솟아나오는 것처럼, 불속을 날아다녀도 불나방의 날개가 타지 않는 것처럼 인내심 많고 용감한 사람은 세속에 살면서도 세상 풍조에 물들지 않고 세기의 파란만장하고 쓰라린 삶의 한가운데에서도 신심의 샘을 찾아내며, 지상의 온갖 욕망 속에서도 경건한 생활에 대한 거룩한 희망의 날개를 태우지 않고 날 수 있습니다."(살레시오, 2015: 21~2)

살레시오 성인의 이 말씀은 우리가 평소 실천하는 금욕이 목표에 이른 상태를 묘사하고 있다. 이 세상 한복판에 서 있으면서도 '나다움'을 잃지 않을 뿐 아니라 오히려 '나다움을 드러내는 일'이 가능한 상태를 가르치고 있는 것이다. 이는 마치 미세먼지가 가득한 도심 한가운데서 홀로 '맑은 공기'를 마실 수 있는 능력처럼 보인다. 불가능하진 않지만 매우 어려운 일이다. 당연히 이 말씀은 우리를 좌절시키기 위해 하신 것은 아니다. 이런 상태를 맛보려면 당장 용기를 내라는 권고일 따름이다. 따라서 좌절하기보다 작은 일이라도 실천하겠다는 결심을 하는 것이 중요하겠다.

그리스도교의 바른 가르침에 따르면 '금욕'은 구원(이나 은총)

의 필요조건은 아니다. 있으면 좋지만, 그렇다고 이것이 없다고 구원받지 못하는 것은 아니다. 그럼에도 예수님을 비롯하여 가톨릭 영성사에서 모범으로 소개하는 분들은 '금욕'의 중요성과 필요성을 강조하였다. 금욕이 필요조건은 아니지만 하느님의 구원과 은총에 협력해드릴 수 있는 나름의 도리라는 이유에서였다. 특정 시대에는 금욕을 과도하게 강조해 극단적인 '영육이원론'에 이르기도 하였다. 그러나 이런 일부 예외를 제외하면 신자들이 하느님과 일치하기 위해서는 '금욕'이 필수라는 인식이 보편적이었다.

나도 이를 몸소 경험해왔다. 영과 육은 늘 단련 혹은 수련해야 하는 것이었다. 대단하진 않더라도 그런 마음을 먹고 작은 실천이라도 하면서 점차 단련하다 보면 이 실천 자체가 은총이기에 어느새 완덕에 이를 수 있을 것이다. 프란치스코 교황이 우리에게 주시는 큰 위로의 말씀으로 마치려 한다.

하느님 앞에서 우리 삶의 여정을 성찰할 때, 금단의 측면은 없다. 삶의 모든 측면에서 우리는 계속 성장할 수 있고, 심지어 우리가 가장 어렵게 여기는 그러한 측면에서도 하느님께 더욱 훌륭한 것을 봉헌할 수 있습니다.(『기뻐하고 즐거워하여라』, 175항)

순례

영어 'pilgrim'의 어원은 라틴어 '페레그리눔peregrinum'이다. '페레그리눔'은 '이방인', '낯선 이'를 뜻한다. 이 낯선 이는 '스스로에게', '낯선 지역, 나라, 문화에서 낯선 사람'이 되는 것을 가리킨다. 이 뜻에 따르면 순례자는 익숙한 곳(자신)을 떠나 낯선 곳(참 자아)에 있는 사람이라는 뜻으로 새겨볼 수 있다.

국어사전에서 순례는 "종교의 발생지, 본산本山의 소재지, 성인의 무덤이나 거주지와 같이 종교적인 의미가 있는 곳을 찾아다니며 방문하여 참배함"이라고 첫 번째 뜻을 소개한다. 두 번째로는 "여러 곳을 찾아다니며 방문함을 비유적으로 이르는 말"이라고 소개한다.[1] 어느 쪽이건 순례의 첫 번째 의미는 "먼 길을 떠돌아다니는 데 있다." 그러나 순례는 목표 없이 떠돌아다니는 방황과 구별된다. 순례는 과정에 방황이 따르긴 해도 가야 할 목표가 뚜렷하기 때문이다.

인생도 순례와 같다. 인생은 '탄생'이라는 출발점에서 '죽음'이라는 목표 지점으로 떠나는 여행이다. 어떤 인간도 이 길에서 예외일 수 없다. 어떤 이는 이 길에서 수동적으로 시간을 채워나간다. 그냥 사는 것이다.[2] 어떤 이는 적극적으로 시간을 채워나간다. 아니 '살아낸다'는 표현이 더 어울린다.[3]

지금은 작고하신 김수환 추기경은 "사랑이 머리에서 가슴으로 내려오는 데 70년이 걸렸다"고 말한 바 있다. 타자에 대한 공감이 실제 행동으로 이어지는 데 이토록 오랜 시간이 걸렸다는 뜻이다. 이처럼 참된 자기로 변화하는 기나긴 과정도 순례다. 어떻든 인간은 인생이라는 먼 길을 떠도는 순례자다. 그래서 인간을 '길 위의 존재', '과정 속에 있는 존재'라는 의미로 '호모 비아토르homo viator'라고 부른다.[4]

순례는 시작과 끝만 명확하고 중간은 어둠과 불확실함으로 가득하다. 불안하고 두려워 떠나고 싶지 않은 길이다. 그래도 떠나야 한다. 떠나지 않아도 인생은 우리를 그 길로 몰아넣는다. 그런데 일단 길에 들어서면 앞이 잘 보이지 않는다. 갈지之자 횡보에 때로 뒷걸음까지 정답이 없어 보이는 길을 걸어야 한다. 그럼에도 꾸준히 가다보면 목표에 이른다. 누구나 예외

순례는 성숙한 인간으로

변화하는 과정이자 변화가 목표인 신앙의 길이다.

없이 죽음에 이른다는 말이다.

과연 어둠과 불확실함으로 가득한 순례 길(혹은 과정)을 어떻게 통과해야 할까? 그저 수동적으로 시간을 채우면 되는 것일까? 아니면 스스로 의미를 부여하며 시간을 채우고, 경로를 안내하는 내비게이터(종교, 철학, 기타 신념)[5]를 따라가면 되는 것일까?

그리스도교의 순례는 국어사전의 첫째 정의에 따라 예수님의 생애에 대한 기억을 담고 있는 공간을 찾아가거나, 순교자들이 치명한 곳이나 성인이 기적을 일으킨 곳(죽음과 기적의 기억), 성모 발현지(치유와 기적에 대한 기대), 신앙 공동체의 집단적 기억이 서려 있는 유적 등을 찾아 떠나는 일이다. 물론 이 순례는 인생과 다르게 현실(혹은 떠난 곳)로 되돌아오는 과정이 끝이다.

순례는 '떠날 준비 → 떠남 → 길을 걸음 → 목표에 이름 → 머뭄 → 되돌아옴'이 한 사이클을 이룬다. 매번 떠날 때마다 이 사이클이 반복된다. 물론 이 사이클이 단순한 반복은 아니다. 이렇게 우리를 낯선 길에 들어서게 하고 모험 안에서 새로운 길을 보게 해주는 것이 순례의 기능이다. 이 과정에서 순례자는 자연스레 변화를 체험한다. 그래서 순례는 변화의 과정이자 변화가 목표인 신앙의 길이 된다.

성경의 순례

성경은 순례의 기록들로 가득하다. 성경 전체로 보면 에덴동산에서 쫓겨난 아담과 하와(실락원, 창세기)에서 시작해 요한 묵시록 21장의 '새 하늘과 새 땅'의 상징인 '새 예루살렘'(묵시, 21장 참조)으로 들어가기(복락원)까지의 전 과정이 순례다. 성경 자체가 '순례의 책'인 셈이다.

성경에서 순례는 하느님이 약속하시는(혹은 거룩한) 공간(장소)로 홀로 또는 무리로 떠나는 데서 시작한다. 이 순례의 목적은 하느님의 약속을 성취하고 궁극에 그분의 은총을 받으려는 것이다. 순례자는 아브라함처럼 약속의 장소로 떠나기 위해 자아와 일상에서 벗어난다. 그러나 막상 여정에서 맞닥뜨리는 현실은 어둠, 위험, 공포들이다. 그래도 약속을 믿고 계속 나아가면 약속의 실현에 이른다. 목적지에 이르면 약속이 성취되고 허락된 은총을 받는다. 이로써 그는 성숙한 인간(또는 민족)으로 변화된다.

구약

아브라함

아브라함은 순례자의 상징이다. 그는 '떠돌아다니는 아람인'(신명 26,5)이었고, 이전에 모르던 신으로부터 부르심을 받았다. 부르심을 받을 때 그의 나이 아흔아홉이었다.(창세 17,1) 그는 이 부르심에서 하느님으로부터 자손과 땅을 약속받는다.(창세 17,3~8) 이후 그는 이 약속을 믿고 정처 없이 떠나야 했다.

하느님이 약속하셨음에도 아브라함의 앞길은 고난으로 가득했다. 약속을 믿고 하늘의 집(또는 구원)을 향해 떠났지만 그 길은 가시밭길이었던 것이다. "그는 어디로 가는지도 모르고 떠난 것입니다. 믿음으로써 그는 같은 약속의 공동 상속자인 이사악과 야곱과 함께 천막을 치고 머무르면서, 약속받은 땅인데도 남의 땅인 것처럼 이방인으로 살았습니다."(히브 11, 8~9) 또한 "아브라함은 오랫동안 필리스티아인들의 땅에서 나그네살이하였다."(창세 21,34) 그리고 이 나그네살이는 마침내 브에르 세바에 이르러 끝이 났다.(22,19)

아브라함은 하느님의 천사를 만난 이후부터 생을 마감하는 순간까지 계속 방랑자였다. 그런데 그는 그 약속을 믿었고 그 약속에 충실하였다. 그래서 마침내 그는 믿음의 조상이 될 수 있었다.

야곱

야곱은 교활하게 형을 속여 장자권을 얻었다. 그때만 해도 그는 인생을 그렇게 무사히 살아갈 수 있을 것 같았다. 하지만 그의 이런 생각은 이후 번번이 좌절되었다. 가장 먼저 그는 자신을 속인 사실을 알고 그를 죽이려 하는 형 에사오의 추격을 뿌리쳐야 했다. 그가 하란으로 도망을 간 이유다. 그는 도망하던 광야 어딘가에서 한밤중에 꿈을 꾸고 꿈 가운데 환시를 본다. "보라, 내가 너와 함께 있으면서 네가 어디로 가든지 너를 지켜주고, 너를 다시 이 땅으로 데려오겠다. 내가 너에게 약속한 것을 다 이루기까지 너를 떠나지 않겠다."(창세 28,15) 그는 꿈에서 깨어 다시 동방인들의 땅으로 떠난다.(창세 29,1) 머무를 그 어딘가를 향해 방랑을 시작한 것이다. 그는 오랜 방랑 끝에 동방에 이른다.

그곳에서 그는 라헬이라는 여인을 만나고, 그녀를 얻기 위해 라반의 집에 들어간다. 그런데 장인 라반의 간계로 라헬을 얻을 때까지 무려 14년 동안이나 수고를 해야 했다.(창세 29,30) 라반의 집에서 고향으로 떠나는 일도 쉽지 않았다. 목숨을 건 도주였다. 그런데 고향에는 자기를 미워하는 형이 기다리고 있었다. 그가 귀향 과정에서 겪는 모든 일들이 다 목숨을 거는 일이었다.

그러나 야곱은 방랑하는 과정에서 "어둠과 그림자와 자신을 방해했던 것과 자신에게 다가와 무조건 공격을 가했던 것과 맞섰다. … 그는 이제 더 이상 자기 자신과 자기의 진실을 간과하며 살지 않고 자기의 나약함과 싸우는, 스스로 상처를 입는 한 성숙한 인간, 즉 히느님과 겨룬 자"(안셀름 그륀, 2009: 55)가 되었다. 순례의 과정을 통해 새로운 인간으로 다시 태어난 것이다. 그래서 그는 이스라엘의 시조가 될 수 있었다.

이집트 탈출

성경을 통틀어 가장 큰 규모의 순례는 이스라엘의 이집트 탈출 사건이었다. 이 사건은 이스라엘의 원형原形 체험이었다. 하느님은 불타는 떨기 속에서 모세에게 나타나 이스라엘 백성을 이집트에서 탈출시키는 데 앞장서라 명령하시고 당신 이름을 계시하신 다음, 그에게 능력을 주셨다.(탈출 3장 참조)

이스라엘은 모세의 인도 아래 이집트 땅을 탈출하였으나 바로 약속의 땅에 들어가지 못하였다. "하느님께서는 필리스티아인들의 땅을 지나는 길이 가장 가까운데도, 그들을 그곳으로 인도하지 않으셨다. … 하느님께서 백성을 갈대 바다에 이르는 광야 길로 돌아가게 하셨"(탈출 13,17~18)기 때문이다.

'주님께서 주시겠다고 맹세하신 땅, 젖과 꿀이 흐르는 땅'(신명

11,9)으로 가는 길은 멀고 험했고, 시간도 오래 걸렸다. 게다가 모세는 그 땅에 들어가지 못하고 느보산 피스가 꼭대기에서 그 땅을 바라보는 것으로 만족해야 했다. 모세는 결국 그 땅에 들어가지 못했고 모압 땅에서 최후를 맞이하였다.(신명 34장 참조) 약속의 땅이 완전히 점령되어 이스라엘 땅이 되는 시기는 오랜 시간이 흐른 뒤인 솔로몬 왕 때에 이르러서였다.

이처럼 이집트를 탈출하여 가나안 땅에 이르는 이스라엘의 순례 여정은 오래고 길었다. 그 과정은 끝도 없는 안개 속, 칠흑 같은 어둠이었다. 순례도 이와 같다. 여정 중에 순례자는 길고 어두운 터널을 만난다. 이 여정은 현실의 어려움일 수도, 자신안의 그림자와 상처일 수도 있다.

다윗이 죄를 짓고 정직한 회개로 나아가는 과정, 왕자의 난으로 도망을 다니다 다시 제 자리로 돌아오는 과정도 이러한 '순례 정식定式, formula'과 잘 어울린다. 호세아, 예레미야, 에스겔 예언자의 삶의 여정도 그렇다. 예언자 이사야를 통해 아시리아에서 고국으로 돌아가리라는 약속을 듣게 되는 유배된 이스라엘의 귀환도 300여 년에 걸친 긴 순례였다. 이처럼 구약은 순례의 이야기들로 가득하기에 장대한 순례 서사시라 불러도 손색이 없다.

신약

동방 박사

마태오복음 2장은 예수님이 베들레헴에서 태어나셨을 때 동방에서 찾아온 세 박사의 이야기를 전한다. '그들은 동방에서 그분의 별을 보고 그분께 경배하러 왔다.'(마태 2,2) 그들이 예루살렘을 찾아오는 유일한 길은 별에 의지하는 방법뿐이었다. 헤로데의 간계에도 휘말리지 말아야 했다. 그리고 험난했던 길로 다시 돌아가야 했다.(마태 2,7~12)

마리아 막달레나

마리아 막달레나는 예수님의 선교 여행 내내 동반자였고, 그분의 최후까지 함께했으며(마태 27,56), 부활하신 예수님을 처음으로 목격하였다.(마태 28,1~8) 머리를 둘 곳도 없이 떠돌아다녀야 했던 예수님을 따라다니는 여정이 쉬울 리 없었다. 그런데 마리아 막달레나는 이 모든 여정에 함께했다. 그래서 마리아 막달레나는 예수님 부활의 첫 증인이 될 수 있었다.

사도 바오로

바오로는 최초이자 가장 위대한 그리스도의 순례자로 불린다.

그는 모세오경에서 십자가에 이르는 위대한 여정을 혼자 감당하였다. 그의 선교 여정은 바다, 육지, 낯선 땅들을 가리지 않았다. 그는 선교 여정 중의 고난을 다음과 같이 고백한다.

"수고도 더 많이 하였고, 옥살이도 더 많이 하였으며, 매질도 더 지독하게 당하였고 죽을 고비도 자주 넘겼습니다. 마흔에서 하나를 뺀 매를 유다인들에게 다섯 차례나 맞았습니다. 그리고 채찍으로 맞은 것이 세 번, 돌질을 당한 것이 한 번, 파선을 당한 것이 세 번입니다. 밤낮 하루를 꼬박 깊은 바다에서 떠다니기도 하였습니다. 자주 여행하는 동안에 늘 강물의 위험, 강도의 위험, 동족에게서 오는 위험, 이민족에게서 오는 위험, 고을에서 겪는 위험, 광야에서 겪는 위험, 바다에서 겪는 위험, 거짓 형제들 사이에서 겪는 위험이 뒤따랐습니다. 수고와 고생, 잦은 밤샘, 굶주림과 목마름, 잦은 결식, 추위와 헐벗음에 시달렸습니다."(2코린 11,23~27)

성경에는 그의 최후가 언급되지 않고 있지만 아마도 그는 그리스도인들이 처음 박해를 받았던 시기에 순교한 것으로 추정된다. 그래서 그는 자신이 출발한 곳으로 다시 돌아오지 못했다. 베드로 사도도 그랬다. 이처럼 그리스도 이후의 순례는 본래의 자리로 돌아갈 수 없는 경우가 많았다. 그럼에도 두 사도가 죽음을 맞이한 것으로 알려진 로마는 중세 이전까지 그리스도인이 가장 많이 찾는 성지였다.

세례자 요한도 요르단 강에서 출발하여 온 이스라엘을 떠돌아 다녔다. 성모님도 나자렛에서 베들레헴으로, 이집트에서 다시 나자렛으로 긴 여행을 떠나야 했다. 사도행전은 바오로외 다른 사도들의 선교 여정도 상세히 전하고 있다.

그러나 무엇보다 신약성경에서 가장 두드러진 순례자는 예수님이셨다. 그분은 머리 둘 곳이 없었다. 늘 사람 가운데 있으셨지만 혼자이셨다. 죽음의 순간에도 혼자이셨다. 그분의 순례는 죽음으로 마무리되었다. 그러나 그분의 죽음은 부활의 승리로 이어졌다.

순례 신학

교황청 이주사목평의회의에서 낸 「제2차 세계 순례와 순례지 사목 대회 최종 문서」에서는 순례 신학을 복음서의 엠마오로 가는 두 제자 이야기를 통해 전개한다. 이 신학에서는 순례의 도식을 '떠남~여정-도착-돌아옴' 네 단계에서 여섯 단계로 확장한다. 여기서는 여섯 단계로 된 순례 도식을 따른다.

〈엠마오의 저녁식사〉
카라바조Caravaggio, 1601-1602, 내셔널 갤러리(런던)

'엠마오로 가는 두 제자'(루카 24,13~35)

이 이야기는 길을 가는 두 제자의 모습에서 마음속 깊이 갖고 있는 인생의 의문들에 대한 해답을 찾으러 길을 떠나는 순례자의 전형을 볼 수 있다. 예루살렘에서 엠마오로 가던 제자들은 자신들의 기대와 어긋나고 합리적으로 설명할 수 없는 지난 사건들에 대해 매우 상심하고 침통해하였다. 이러한 그들에게 부활하신 그리스도께서 가까이 다가와 모습을 드러내시며 당신의 현존과 말씀의 빛으로 그들을 밝혀주셨다. 예수님께서 그들과 함께 집에 들어가시어 빵을 들고 쪼개시자, "그들의 눈이 열려 예수님을 알아보았다."(루카 24,31) 그리하여 그들은 서둘러 예루살렘으로 돌아가 사도들에게 이 일을 알려주었다.

이 이야기는 세 가지 움직임, 곧 "걷고, 머무르다, 돌아갔다" 등을 여섯 단계로 확장한다.[6]

하나. "예수님께서 가까이 가시어 그들과 함께 걸으셨다"(루카 24,15)
"순례는 '나그네 인간'인 신앙인의 조건에 대한 근본적이고 핵심적인 체험이다. 인간은 모든 선의 근원을 향하여, 모든 선의 성취를 향해 걸어간다. 자신의 전 존재로, 곧 몸과 마음과 지성으로 움직이는 인간은 자신이 '하느님을 찾는 영원을 향한 순례자'라는 사실을 깨닫는다."

둘. "예수님께서 성경 전체에 걸쳐 당신에 관한 기록들을 그들에게 설명해주셨다."(루카 24,27)

사람들은 인생에서 존재에 대한 질문을 하게 만드는 특별한(혹은 어려운) 상황을 만날 때 순례를 떠난다. "영혼 안에 깃든 행복에 대한 갈망은 그리스도 안에서 해답을 찾게 되고, 그분과 함께할 때 인간의 고통은 의미가 있다. 그분의 은총으로 가장 숭고한 목적 또한 완전하게 이루어진다."

셋. "예수님께서는 빵을 들고 찬미를 드리신 다음 그것을 떼어 그들에게 나누어주셨다."(루카 24,30)

순례에는 분명하고 궁극적인 목표가 있다. "순례자는, 최종 목적지가 없는 방랑자와 달리, 비록 자주 명확하게 인식하지 못하긴 해도 늘 목적이 있다. 바로 그리스도를 통하여 하느님을 만나는 것이다. 우리는 그분 안에서 우리의 모든 열망의 해답을 찾게 될 것이다."

넷. "저희와 함께 묵으십시오. … 날도 이미 저물었습니다."(루카 24,29)

순례는 효과적인 사회화를 촉진하고 구체적인 형제애를 경험할 수 있는 학교이다. 또한 순례지는 환대와 재회와 만남의 자리다.

다섯. "그들도 길에서 겪은 … 일을 이야기해주었다."(루카 24,35)

순례자는 순례지에시 하느님과 자기 형세사매들에게 다시 돌아가는 많은 이들을 보게 된다. 순례자는 자신이 경험한 것을 일상에서 되풀이하고 지속할 수 있다고 느낀다. 각자가 형제자매에게 돌아가 자기 공동체에 얼마나 헌신할지는 자신이 그리스도와 이룬 인격적 만남의 질적 수준에 달려 있다.

순례 여정, 순례지에서 머문 일, 일상생활을 향한 귀환歸還이 하나로 연결되려면, 앞서 걷고 머무르던 두 움직임과 연속성이 있어야 한다. '귀환'은 그저 돌아가는 것이 아니다. 순례는 순례자를 어떻게든 변화시킨다. 이 경험이 일상생활로 돌아가는 데 영향을 줄 것이다. 따라서 '귀환'도 순례의 일부다.[7]

여섯. "하느님의 협력자 …"(1코린 3,9)

엠마오로 가시는 그리스도처럼 우리 또한 동시대 사람들과 함께하도록 부름을 받았다. 각자 삶의 자리에서 자기의 부르심에 따라 최선을 다해 살아가는 길, 즉 사도직을 수행하는 일이 마지막 단계이다.

이 여섯 단계는 새롭게 순례를 떠날 때마다 반복된다. 그러나 이는 단순한 반복이 아니다. 나선형적 상승을 이룬다. 더 깊은 자아, 존재 안에 깊숙이 숨어 계시던 하느님을 향해 더 깊이 들어간다. 이 깊은 자기 존재 안으로의 여행은 그리스도라는 최종 목표pleroma로 상승해가는 여정으로 묘사할 수 있다.

순례 영성

제2차 바티칸공의회는 교회를 '하느님 백성'으로 정의하고, 그 속성 가운데 하나를 '순례하는 교회'Ecclesia viatorum라 하였다.(교회헌장, 50항) 순례하는 교회는 '지상에서 나그넷길을 걷고 있는 존재'다.(교회헌장, 49항)

"순례하는 하느님 백성"은 교회가 중세처럼 자신을 더 이상 '완전한 사회'perfecta societas, '산위의 교회'로 세상을 굽어보며 가르치려 드는 위치에 있지 않겠다고 선언하는 것이다. 이는 교회 스스로 과정 중에 있는 존재로 살겠다는 결단이기도 하다. 답을 아는 존재에서 겸손하게 물어가며 답을 찾아가는 존재로 자신을 낮추겠다는 의미다.

교회가 '과정 속에 있다'는 것은 목표는 알지만 매 순간 맞닥뜨리는 일들에서 모두 답을 갖고 있지 않음을 인정한다는

뜻이다. 그래서 목표에 이르려면 **"그리스도를 충실히 따른 이
들의 삶을 바라보며** 미래 도성을 찾으려는 새로운 동기로 자
극을 받고(히브 13,14: 11,10 참조) 동시에 현세의 변화 속에서도 각
자 고유한 신분과 조건에 따라 **그리스도와 완전한 일치 곧 성
덕에 이를 수 있는 가장 안전한 길을 배워야 한다."**(교회헌장, 50
항. 진한 글씨는 필자 강조)

인생의 여정 또한 교회가 세상을 순례하는 여정에서 만나
는 불확실성, 어둠, 공포에서 '가장 안전한 길'은 이미 모범적
으로 살았던 그리스도인들의 삶을 따라 배우고 실천하는 것이
다. 그리고 이러한 자세로 하느님 백성과 함께 걸으며 그들의
기쁨과 희망, 슬픔과 애통에 함께 하다보면 그 안에서 어렴풋
하지만 길을 찾게 되는 것이다. 이렇게 교회가 함께 순례를 떠
난다는 의식을 갖게 되면, 이를 통해 신자들이 하나로 묶이고,
홀로 길 위에 서 있는 우리의 외로움도 치유된다.

순례 영성은 인생의 의미가 여행의 끝이 아니라 여정 중간
에 아니 이미 출발할 때부터 발견할 수 있고 발견되는 것이라
는 사실을 일깨워준다. 목적지에 이르러서가 아니라 떠나려는
마음을 먹는 단계에서부터 답이 주어진다는 사실을 깨닫게 해
주는 것이다.

순례자들은 순례 과정에서 자신의 나약함을 발견하게 된다.

"일상을 잘 사는 일이 순례의 참 목표다."

그런데 이런 나약함의 발견과 인정이 하느님의 은총과 활동을 받아들이는 조건이 된다. 그렇게 걷다보면 하느님께서 목적지에 계시는 것이 아니라 이미 현재의 모든 걸음 안에 계시다는 깨달음이 생긴다. 그 깨달음 안에서 그분과 함께 하다보면 목표 지점에서 이 깨달음이 더 깊어진다.

순례 영성은 순례를 마치고 현실로 돌아왔을 때 매일을 순례자의 자세로 사는 것이다. 사실 매일이 순례다. 눈을 뜨는 순간부터 잠드는 순간까지 모든 것이 불확실하기 때문이다. 그래서 이미 배운 안전한 길을 따라 순례자의 자세로 하루를 열심히 살다보면 하루의 끝인 평화의 안식에 이른다. 그리고 이런 시간 축적의 결과로 영원한 안식에 이를 수 있다. 따라서 순례는 먼 곳으로 떠나는 일이 아니라 '지금 여기'에서 깨어 겸손하게 사는 것이다. 이렇게 매일의 반복을 지루하게 느끼지 않고 살아가는 것이다. 이 매일의 사이클이 단순한 반복이 아니라 하느님과의 일치를 향한 나선형적 상승이기에 일상은 훌륭한 순례의 시간이자 장소가 된다.

전례력도 그렇다. 교회의 삶도 일 년을 주기로 순환한다. 그러나 이 주기에도 특별한 절기보다 연중주일이 더 길다. 연중주일이 길다는 것은 교회의 삶도 평범한 일상의 연속이라는 뜻이다. 그러니 일상을 잘 사는 일이 순례의 참 목표다.

그런데 우리가 길을 잘 모르니 이런 방법들이 긴 일상에 점을 찍어 목표를 향하고 있음을 확인시켜주는 것이다. 전례력의 여러 절기, 수도자들이 바치는 시간경이 일상이라는 일직선으로 이어지는 길에 이런 점을 찍는 행위가 되는 것이다. 적어도 길을 모르는 이들에게는 이렇게 점을 찍어주는 절기, 시간경, 규칙적인 기도들이 순례의 훌륭한 동반자가 된다.

일상에서 순례를 살아가기

매일이 순례라는 것을 깨닫고 살아가기는 쉬운 일이 아니다. 그래서 여전히 우리에겐 동기와 자극이 필요하다. 순례는 다음과 같은 장점이 있기에 자주 실천하는 것이 좋다.

먼저, 순례는 우리에게 불확실성과 더불어 사는 방법을 알려준다. 우리가 알고 있는 것, 익숙하고 오랜 안락함으로부터 벗어나 훨씬 더 큰 가치를 만나게 해준다. 이러한 만남을 자주 가지면 자신을 더 깊이 잘 알고 다른 이들에게도 자유롭게 개방할 수 있는 마음이 생긴다.

둘째, 순례를 통해 인내 속에서 믿음과 희망을 갖는 방법을 배운다. 특히 인생에 대한 회의, 고통, 난관 가운데 떠나는 순례라면 더욱 그렇다.

셋째, 순례를 통해 단순한 삶의 중요성과 소중함을 배운다. 본래 사는 데는 많은 것이 필요하지 않다. 적은 것에 만족하고 단순한 삶을 통해 더 큰 자유를 누리는 방법을 순례를 통해 배운다.

마지막으로, 순례자들은 다른 나라, 지역, 문화에서 이방인이 된다. 그런 상황에서 낯선 이가 된다는 것이 무엇인지 배운다. 이로써 환대의 중요성을 배운다. 이때 배운 환대의 중요성은 나의 문화 안으로 들어온 이방인들을 기쁘게 맞아들이는 토대가 된다. 이 경우 환대도 나를 넘어서는 초월이다.

THE SAINTS
NEXT DOOR

사랑 실천 영성

제3부

환대

환대hospitality는 '주인host', '손님guest', '낯선 이stranger'라는 뜻의 라틴어 '호스페스hospes'가 어원이다. 이 '호스페스'는 '낯선 이stranger'나 '적enemy'을 뜻하는 '호스티스hostis'에서 파생되었다. 환대에는 이렇게 친절과 적대의 의미가 같이 들어 있다. 그럼에도 환대는 낯선 이를 환영하고 그에게 '음식, 잠자리와 안전'을 제공하는 것이라는 뜻으로 널리 사용된다.[1]

성경의 환대

고대 이스라엘 사람들은 나그네에 대한 환대를 성스러운 의무로 여겼다. 족장이었던 롯(창세 19,2), 아브라함에게 친절을 베푼

레베카(창세 24,17~33), 요셉의 관리인(창세 43,24) 등이 나그네 환대의 모범이다.

이들 외에도 구약성경에는 수많은 환대 사례들이 등장한다. 급기야 환대는 신명기에서 하느님의 명령으로까지 격이 높아진다.

> "그분은 고아와 과부의 권리를 되찾아 주시고, 이방인을 사랑하시어 그에게 음식과 옷을 주시는 분이시다. 너희는 이방인을 사랑해야 한다. 너희도 이집트 땅에서 이방인이었기 때문이다."(신명 10,18~19)

사실 "이스라엘과 중동 유목민의 환대 문화는 생존의 기술이었다. 당시에는 사람들이 이곳저곳으로 옮겨 다닐 때 쉼터나 물 또는 음식을 먹을 수 있는 식료품 가게나 여관이 없었다. 그렇기에 다른 사람들을 대접하는 일은 자신이 여행하게 될 때 똑같이 대접받는다는 뜻이었다."(이희철, 2013: 191)

초대 그리스도인들도 자신들의 처지를 이방인이자 나그네로 간주하였다.(히브 11,13) 그들은 나그네 환대를 하느님으로부터 오는 은사charism로 이해하고(1베드 4,10~11), 그들을 천사로 대접하려 노력하였다.(3요한 1,8)

예수님께서도 '벗이 늦은 밤 친구 집에 들러 빵 세 개를 꾸어 달라고 끈질기게 간청하면 귀찮아서라도 주게 된다'(루카 11,5~8)는 예를 드셨다. 그렇게라도 환대를 실천하라는 뜻이었다. 예수님은 루카복음 14장 12~15절에서도 '점심이나 저녁식사를 베풀 때 자신에게 보답이 가능한 친구, 형제, 친척, 부유한 이웃을 부르지 말고 보답할 수 없는 가난한 이들, 장애인들, 다리 저는 이들, 눈먼 이들을 초대하라'고 권고하셨다. 보답할 수 없는 이들에게 베풀어야 의인들이 부활할 때 보답을 받으리라는 것이었다. 착한 사마리아인의 비유에서는 환대를 사랑 charity의 전형으로 제시하셨다.(루카 10,33~37) 그리고 이 환대가 최후의 심판 때 즉 '사람의 아들이 영광에 싸여 모든 천사와 함께 올 때' 영원한 생명을 얻는 데 결정적인 기준 역할을 하게 될 것이라 약속하셨다.(마태 25,31~42) 심지어 마태오복음 10장 40절에서는 손님(이방인)을 당신 자신과 동일시하셨다. 이처럼 환대는 제자들과 예수님을 통해 그리스도교에서도 중요한 덕목이 되었다.

그러나 모든 그리스도인이 이 덕목을 따르지 않는다. 나도 마찬가지다. 소수의 그리스도인들만이 이 요청에 충실하려 노력할 뿐이다. 그러면 왜 다들 환대를 어려워할까?

새로운 삶의 터전을 찾아가는 난민들

"그들을 손님이 아니라 주인으로 대접하십시오."

- 프란치스코 교황

환대의 딜레마

성경에서 환대는 하느님의 명령, 그리스도를 대접하는 일로 그려지지만 막상 실생활에서는 '매우' 실천하기 어려운 덕목이다. 나 개인의 체험에서나 사회적 체험에서나 신앙이 '나그네(=이주민, 타자)에 대한 환대'로 쉽게 이어지지는 않기 때문이다. 이처럼 신자들에게 성경의 환대에 대한 가르침은 너무 완벽해 실천할 수 없는 이상적 가치로 다가온다.(Koenig, 2002: 22)

환대라는 말 뜻 안에는 이미 '주인'과 '손님'의 관계가 설정돼 있다. 여기서 '주인'은 누구이고, '손님'은 누구인가? 환대의 본 뜻대로 주인이 손님을 '기쁘게 맞이한다'는 것이 구체적인 현실에서 무엇을 뜻하는가? 이때 주인은 손님을 무조건 기쁘게 맞을 수 있는가, 혹은 맞아야 하는가? 주인에게 오는 사람은 모두 손님인가, 초대받지 않고 불시에 다가오는 이도 손님인가? 이때 주인은 이 손님을 환영할 수 있는가, 혹은 환영해야 하는가?(강남순, 2014: 237) 만일 이 손님이 같은 문화 사람이 아니라 인종과 문화가 다른 이주민이나 난민이라면 어떻게 해야 하는가? 만일 무뢰한이라면 어떻게 해야 하는가?

반대로 초대받지 않은 손님이 남의 집에 갈 수 있는가? 그는 주인이 초대를 거부해도 주인집에 들어갈 수 있는가? 어떻게

든 들어간다 해도 주인의 처분을 아랑곳 않고 당당히 주인에게 대접을 요구할 수 있는가? 초대받은 경우라 하더라도 손님은 주인집에서 주인과 동등한 권리를 누릴 수 있는가?

이 질문을 받으면 누구나 머리가 복잡해질 것이다. 환대가 힘들고 어려운 일임을 느끼게 될 것이다. 정치학자 이병하는 이러한 심경을 다음과 같이 토로하였다.

> "손님이 내 집의 문밖에 서서 내 집에 들어와 살기를 청하고 있다. 주인인 나는 고민할 수밖에 없다. 문밖의 손님은 내 집에 들어올 권리가 있는가? 나는 손님을 초대한 적이 있는가? 손님은 내 안전을 위협할 것인가 아닌가? 나는 손님을 환대해야 하는가? 만약 내가 환대했을 때 손님이 내 집을 차지하고 나를 쫓아내면 어떻게 하는가? 많은 이주민, 난민들이 더 나은 경제적 조건을 찾아 혹은 목숨이 위태로운 상황에서 벗어나기 위해 국경을 넘어 타국의 문턱에 서 있다. 많은 국가와 국민들은 위와 같은 질문을 던질 수밖에 없다."(이병하, 2017: 266)

이렇게 환대는 현실에서 지구화, 국제화, 국적, 이민 등의 문제와 복잡하게 연결돼 있다. 특히 타자를 '타자화othering' 하는 정치 또는 종교적 도구로서의 포용과 배제에 관한 공공 정책들과 연결돼 있다. 환대가 그저 따스하고 아름다워 보이는 낭만적 개념만은 아닌 것이다. 이러한 사정을 고려할 때 환대는 실천의 문제인 '윤리 규정'이 아니라, 인간의 구체적인 사회정치적 상황에서 조건을 내포한 '권리와 법法' 차원으로 이해해야 한다.(이병하, 2017: 241)

자크 데리다의 환대

환대의 딜레마를 깊이 성찰한 철학자가 자크 데리다이다. 그에게 환대는 "우리와 타자가 주인과 손님으로서 서로의 정체성을 형성하고 재구성하는 과정이다. … 문밖과 문 안에 위치한 손님과 주인, 그 둘 사이에 벌어지는 관계는 국경을 넘나드는 활동인 국제이주와 난민 문제를 성찰하는 데 큰 도움이 되는"(이병하, 2017: 228) 주제이다. 그의 '문밖'과 '문 안'이라는 공간적 이미지는 현실에서 주인과 손님 사이의 공간적 분리 상황을 잘 보여준다.

데리다는 서구 사회가 직면한 이주, 난민 문제를 해결하는 한 가지 방향으로 환대 윤리를 제안하였다. 그가 제안한 '환대 윤리'의 핵심인 '방문의 환대'는 이런 것이다. 그에게 방문의 환대는 '절대적 환대'이다.

자크 데리다 Jacques Derrida
"환대는 주인과 손님, 주체와 타자 사이의 경계를 허무는 것이다."

"절대적 환대는 내가 나의 집을 개방하고, 가족명姓을 가진
이방인이라는 사회적 위상 등을 가진 이방인에게만이 아니
라 이름 없는 미지의 절대적 타자에게도 줄 것을, 그리고 그
에게 장소를 줄 것을, 그를 오게 내버려둘 것을, 오게 두고 내
가 제공하는 장소 내에 장소를 가지게 둘 것을, 그러면서도
그에게 상호성을 요구하지도 말고 그의 이름조차도 묻지 말
것을 필수적으로 내세운다. 절대적 환대의 법은 권리의 환
대와 결별할 것을, 권리로서의 법 또는 정의와 결별할 것을

명령한다. 정의의 환대는 권리의 환대와 결별한다."(Derrida, 2004: 70~71)

데리다의 절대적 환대는 완전한 개방을 통해 주인이 사신의 공간을 손님에게 내어주면서 주인으로서의 주권성을 포기하는 것을 뜻한다. 그의 무조건적 환대는 내 집을 열어 손님에게 공간을 내어주는 것으로, 법과 권리로서의 환대와 단절함으로써 주인과 손님, 주체와 타자 사이의 경계를 허무는 것이다.(이병하, 2017 참조) 복음에서 예수님이 요구하신 만큼 철저하고 무조건적인 환대다.

그러나 현실에서 데리다의 방문의 환대, 즉 손님이 주도권을 쥐는 절대적 환대는 여러 어려움에 직면한다. 그는 이 딜레마 가운데 한 가지를 창세기 19장의 롯의 환대 사화史話에서 찾는다.

저녁에 소돔의 남자들이 찾아와 롯이 맞은 손님들을 보자고 한다. 그들은 롯이 맞아들인 손님들을 '상관하겠다(관계하겠다)'고 요구한다. 이에 롯은 자기 집에 묵고 있는 손님을 '무슨 수를 써라도' 보호하려는 일념에서 소돔의 남자들에게 동정녀인 두 딸을 내줄 것을 제의한다.'(Derrida, 2004: 151~152)

롯은 이 사화에서 절대적 환대의 모범으로 등장한다. 롯은 절대적 환대를 실천하기 위해 손님들 대신 자기 두 딸을 내줄 것을 무뢰한들에게 제안한다. 이 경우처럼 손님이 주인집에서 주인의 권리를 주장하고, 심지어 주인을 내쫓으려 한다면 주인은 어떻게 행동해야 하는가? 모든 권리를 손님에게 양도하고 집을 비워야 하는가, 그를 내쫓기 위해 그와 싸워야 하는가? 아마 대부분은 무조건적 환대를 선택하지 못할 것이다. 조건을 붙이거나 받아들이길 거부할 것이다.

현실에서 주인은 전혀 모르는 손님을 '집 안'에 들이지 않는다. 손님이 가진 불확실성 때문이다. 설사 집 안에 들인다 해도 손님은 주인의 처분에 따라야 한다. 손님의 처지가 주인의 도움을 받아야 하는 경우라면 더 그러하다. 그나마 이렇게 받아들여지는 경우는 행운이다. 애초 문밖에서 박대를 당하는 경우가 다반사이니 말이다.

이처럼 주인의 환대는 주인이 손님의 '낯섦과 불확실성'을 수용하고 극복할 수 있는 포용력을 얼마나 가지고 있는가에 따라 결정된다. 설사 '문 안'으로 손님을 들여도 주도권은 철저히 주인이 쥐어야 한다. 주인과 손님 사이의 권력 관계가 뚜렷이 드러나야 한다. 따라서 주인의 환대는 주인이 가진 잠재력에 따라 다르게 표현되는 '상대적' 가치이다.(Derrida, 2004: 70)

환대에는 이렇게 양면이 있다. 주인이 손님의 무례를 자주 경험하면 그는 환대 대신 적대를 선택한다.[2] 이처럼 현실에서는 환대와 적대가 실타래처럼 얽혀 있다. 데리다는 이 복잡한 상황을 개념화하기 위해 적대와 환대를 혼합한 용어인 '호스티피탈리티hostipitality'를 만들었다.(강남순, 2014: 244) 호의가 언제든 적대감으로 변할 수 있는 우리 마음을 대변하는 말이다. 이주민, 난민을 받아야 하는 나라의 국민들이 가진 복잡한 심경도 이 말이 잘 보여주고 있다.

프란치스코 교황의 '환대'

프란치스코 교황은 교황좌에 오른 뒤부터 모든 신자에게 이주와 이주민에 대해 '절대적 환대'를 요청하였다. 그러나 신자들의 반응은 냉랭하기만 하다. 왜 이렇게 된 것일까? 그리고 이에 대한 해법은 없는 것일까?

프란치스코 교황은 2018년에 발표한 두 개의 담화문을 통해 이주와 난민에 대한 입장을 밝혔다. 하나는 '2018 세계 평화의 날 담화'이고, 다른 하나는 '2018 세계 이민의 날 담화'이다. 교황은 특히 '세계 평화의 날 담화'에서 자신의 '환대'에

제105차 세계 이민의 날을 맞아 이민자와 난민을 형상화한
조각상을 어루만지는 프란치스코 교황.

대한 생각을 체계적으로 밝혔다.

교황은 세계 평화의 날 담화 발표 직전인 2017년 9월 25일 전국 이주사목 책임자들에게 한 연설에서 유럽 여러 나라들이 이주민에 대해 불관용과 혐오를 보이는 모습을 염려하며 환대의 자세를 촉구하였다. 그리고 이날 미리 앞의 두 메시지의 대강人綱을 밝혔다. 이로써 '이주민에 대한 환대'를 주제로 삼을 것임을 예고하였다.

교황은 유럽 국가들이 난민들에게 보이는 태도를 다음과 같이 요약하였다.

> "이주민들이 향하는 국가에서는 국가 안보를 위태롭게 한다거나 새 입국자들을 받아들이는 비용이 크다면서 하느님의 자녀로서 마땅히 누려야 하는 인간 품위를 깎아내리는 과장된 외침이 확산되었습니다. 아마도 정치적 이유들 때문에 평화를 조성하는 대신에 이주민에 대한 두려움을 조장하는 사람들은 폭력, 인종차별, 외국인 혐오의 씨앗을 뿌리고 있습니다."(1항)

교황은 환대를 실천하는 데 필요한 자세들도 다음과 같이 제시하였다.

"다른 사람들을 환대하는 데에는 구체적 헌신, 협력 네트워크와 선의, 깨어 있는 자세와 연민 어린 마음이 있어야 하며, 언제나 제한적인 자원 문제는 말할 것도 없고 때때로 현실의 수많은 문제들에 덧붙여지는 새롭고 복잡한 상황들을 책임 있게 관리하는 것이 필요합니다."(세계 평화의 날 담화, 1항)

교황은 환대의 근거를 '재화의 보편적 목적'에서 찾고, 이주민들을 손님이 아니라 주인으로 대접하라고 요청하였다.

"이민이든 그들을 환영하는 현지인이든 모두 한 가족이고, 교회의 사회교리가 가르치듯 모두 똑같이 보편적 목적을 지닌 지상의 재화를 누릴 권리를 가지고 있습니다."[3]

또한 이주민들이 "그 집 안과 거리와 광장에 살고 계시는 하느님"(3항)이실 수 있으므로 이를 간과하지 않기 위해 '신앙의 눈'을 가져야 한다고 강조하였다.

교황은 이렇게 윤리적으로 호소하는 것만으로는 부족하다고 느껴 이주민을 위한 네 가지 '행동을 위한 이정표'도 제시하였다. '곧 환대하기, 보호하기, 증진하기 그리고 통합하기를 결합하는 전략'이었다.

첫째, '환대하기'는 이민들과 실향민들을 합법적으로 수용하고, 그들이 떠나온 박해와 폭력의 나라로 되돌려보내지 않는 것이다. 아울러 자신들의 국가 안보와 이주민들의 기본권을 균형 있게 배려하는 것이다. 둘째, '보호하기'는 피신처와 안전을 찾아 도망 온 사람들의 권리를 인정하고 보호하며, 착취당하지 않도록 예방하는 것이다. 셋째, '증진하기'는 이민과 난민의 온전한 인간 발전을 지원하는 것이다. 특히 어린이들과 젊은이들의 교육권을 보장하는 것이다. 끝으로, '통합하기'는 난민과 이민이, 지역 공동체의 온전한 인간 발전에 봉사하는 가운데 상호 풍요로움과 유익한 협력 과정의 일부로서, 자신들을 환대하는 사회의 생활에 온전히 참여하도록 허용하는 것이다.(4항)

교황은 자신의 이러한 문제의식과 방향 제시가 사회교리의 제일 원리인 '인간 중심의 원칙'에 바탕을 두고 있음을 다음과 같이 천명하였다.

"이민 개인과 그 가족들의 요구와 권리뿐만 아니라 정착 국가의 요구와 권리도 보호하기 위한, 다양한 법제도를 통한 적절한 국제 규범이 만들어져야 합니다. … 이들 노동자들을 상품이나 단순 노동력으로 간주해서는 안 되며, 따라서 다른 모든 생산요소처럼 취급해서는 안 됩니다. 모든 이민은 어떤 상황에서든 누구에게나 존중 받아야 할 양도할 수 없는 기본권을 가진 한 인간입니다."

교황은 교회가 이들과 연대해야 할 의무도 강조하였다.

"주님께서는 더 나은 미래를 찾아 고국을 떠나야만 하는 모든 이를 교회의 모성애에 맡기십니다. 이러한 연대는 출발과 여정과 도착, 그리고 귀환에 이르기까지 이주로 체험하는 모든 단계에서 구체적으로 표현되어야 합니다. 이는 교회가 모든 신자와 선의를 지닌 모든 이와 공유하고자 하는 중대한 책무입니다."(제104차 세계 이민의 날 담화)

교황은 앞의 두 담화문에서 환대가 개인적인 '친절함'에 그 . 치지 않고 사회 정치적 선택으로까지 이어져야 함을 강조하였다. 그리고 이 환대는 '해도 그만 하지 않아도 그만'인 상대적인 가치가 아니라 절대적이고 무조건적이어야 함을 역설하였다.[4] 신자들에게 예수님의 마음을 가져주기를 요청한 것이다.

연민에 바탕을 둔 환대

환대는 인류 사회가 직면한 이주와 이주민 문제에 대한 윤리
적 해법이다. 여기엔 개인적·사회적 실천 방법 모두가 포함돼
있다. 다만 환대는 양면성을 가지고 있어 누구나 처음부터 '절
대적 환대'에서 시작하게 되지 않는다. '조건적 환대'로부터
시작한다. 물론 작은 환대의 실천도 연민이 있어야 가능하다.
연민이 '환대'의 전제조건이다.

　그러나 '연민'은 인간 본성에 내재돼 있으면서도 저절로 발
현되지 않는 게 특징이다. 대체로 계발(=양성)을 해야 한다. 양
성을 통해 연민이 자라면 자란만큼 환대의 폭이 넓어진다. 처
음에는 '문을 살짝 열고 그 틈새로 나그네를 내다보다가, 더
나아가면 그에게 말을 걸고, 궁극에는 집 안에 받아들이고 그
를 친구로 대접하게 된다.' 이처럼 환대로 나아가는 과정은 오
래고 먼 길이다. 그래서 많은 영성가들은 '머리에서 가슴으로
내려오는 마음의 여정'을 평생의 순례라고 말하곤 했다.

　그럼에도 그리스도인은 연민을 키워 더 깊고 넓은 환대로
나아가야 한다. 그리고 이렇게 나가는 과정에서 사회정치적
도전을 회피하지 말아야 한다. 이방인을 끊임없이 우리 삶에
초대하고 그들에게 휘둘려야 한다. 그래야 돌 같은 마음이 살

같은 마음으로 바뀔 수 있다.

"내가 진실로 너희에게 말한다. 이 작은 이들 가운데 한 사
람에게 그가 제자라서 시원한 물 한 잔이라도 마시게 하는
이는 자기가 받을 상을 결코 잃지 않을 것이다."(마태 10,42)

이것이 작지만 우리가 맺어야 할 영성의 열매다.

연민

전임 교황 베네딕토 16세는 회칙回勅[1] 『하느님은 사랑이십니다 Deus Caritas Est』(이하 DCE)를 교황 즉위 첫해인 2005년 12월 25일 자신의 첫 번째 공식 문서로 발표하였다. 베네딕토 16세는 이 회칙에서 그동안 '교황청 사회복지평의회'(Cor Unum, 한마음)에서 논의해온 가톨릭 신자의 사랑 실천과 교회의 사회복지 실천에서 제기되는 다양한 쟁점들을 본격적으로 다뤘다. 이 회칙이 대부분의 문제들에 대해 공식 입장을 밝히고 있으니 사실상 가톨릭 신자들 특히 사랑을 실천하는 신자들에게는 필수 식별기준인 셈이다.[2]

베네딕토 16세는 이 회칙에서 그리스도인의 사랑 실천 원칙을 '연민' 즉 "보는 마음heart which sees"으로 정의한다. 그리고 이어 이 마음을 "사랑의 활동이 필요한 곳이 어디인지 보고 거기에 따라 알맞은 행동을 하는 것"(DCE 31항 나)이라 덧붙인다. 또한 이 "보는 마음"을 '마음의 양성cordis formatio'이 도달해야 할 목표와 원칙으로 제시한다.

연민인 '보는 마음'은 사랑의 수직적 차원(하느님과 인간의 관계)과 수평적 차원(인간과 인간 사이의 관계)을 모두 포함하기 때문에 일시적 감정에 가까운 '느끼는 마음'과 다르다. 사랑의 수직적 차원은 "하느님이 먼저 우리를 사랑하셨고"(DCE 17항), 여전히 우리를 사랑하시는 그분 사랑의 '역사적 기원'을 아는 것이다. 수평적 차원은 이 수직적 차원으로 말미암아 우리의 마음이 '타자the other'를 볼 수 있게 되고, 이로써 "내 눈과 감정이 아니라 예수 그리스도의 눈으로 다른 사람을 바라볼 수 있게"(DCE 18항) 됨을 가리킨다. 이것이 그리스도인이 도달해야 하는 사랑 실천의 영성인 '연민'이다.

"보는 마음"

"그 율법 교사는 자기가 정당함을 드러내고 싶어서 예수님께, '그러면 누가 저의 이웃입니까?' 하고 물었다. 예수님께서 응답하셨다. '어떤 사람이 예루살렘에서 예리코[3]로 내려가다가 강도들을 만났다. 강도들은 그의 옷을 벗기고 그를 때려 초주검으로 만들어놓고 가버렸다. 마침 어떤 사제가 그 길로 내려가다가 그를 보고서는, 길 반대쪽으로 지나가버렸다. 레위인도 마찬가지로 그곳에 이르러 그를 보고서는, 길 반대쪽으로 지나가버렸다. 그런데 여행을 하던 어떤 사마리아인은 그가 있는 곳에 이르러 그를 보고서는, 가엾은 마음이 들었다. 그래서 그에게 다가가 상처에 기름과 포도주를 붓고 싸맨 다음, 자기 노새에 태워 여관으로 데리고 가서 돌보아주었다. 이튿날 그는 두 데나리온을 꺼내 여관 주인에게 주면서, 저 사람을 돌보아주십시오. 비용이 더 들면 제가 돌아올 때에 갚아드리겠습니다' 하고 말하였다. 너는 이 세 사람 가운데에서 누가 강도를 만난 사람에게 이웃이 되어주었다고 생각하느냐? 율법 교사가 '그에게 자비를 베푼 사람입니다' 하고 대답하자, 예수님께서 그에게 이르셨다. '가서 너도 그렇게 하여라.'"(루카 10,29~37)

루카복음에서 예수님은 어느 율법교사(바리사이파)가 자신을 시험하고자 질문하였을 때 그에 대한 답으로 '가장 큰 계명'(루카 10,25~28)에 이어 이 비유를 말씀하신다. 사마리아인은 기원전 722년 북부 왕조 이스라엘이 아시리아에게 멸망한 뒤 이스

〈선한 사마리아인〉
빈센트 반 고흐, 1890, 크뢸러 뮐러 미술관

라엘인들이 이방인들과 혼인하여 생긴 혼혈족이다. 이들은 유일신 신앙인 야훼 신앙을 다른 신앙과 혼합한 종교를 신봉해 유대인들과 사이가 좋지 않았다.(집회 50,25~26; 요한 4,9:8,48 참조) 이 때문에 서로 어울리지 않으려 하였다.(정양모, 1984: 108)

이 비유에서 예수는 유대인들 가운데 도울 만하고 당연히 도울 의무가 있는 부류의 사람들은 강도당한 이를 그냥 지나쳤는데, 유대인들이 원수로 여기는 사마리아 사람은 오히려 그를 돕는 상황을 설정한다. 사마리아 사람은 "그를 보고서, 가엾은 마음(=연민)이 들어"(루카 10, 33), 포도주와 기름으로 소독하고 그를 자신이 타고 온 노새에 싣고 근처 여인숙으로 데려가 치료와 보호를 부탁한다. 그러고는 '저 사람을 돌보아주십시오. 비용이 더 들면 제가 돌아올 때에 갚아드리겠습니다'(루카 10,35) 하고 부탁한 후에 다시 길을 떠난다.

예수님은 이 비유를 말씀하시며 누가 강도당한 이의 이웃인지 율법교사에게 되물으신다. 율법 교사는 당연히 "그에게 자비를 베푼 사람입니다"(루카 10,37)라고 답한다. 사마리아인이 이웃이라는 것이다. 그러자 예수님은 앞의 가장 큰 계명에서와 같이 율법교사에게 알아들은 대로 '그렇게 살라'고 당부하신다.

베네딕토 16세 교황은 이 '착한 사마리아인의 비유'를 예시하며 그리스도인의 사랑 실천이 "긴급한 요구와 특수한 상황에 무조건 응답하는 것입니다. 굶주린 이를 먹이고, 헐벗은 이를 입히며, 병자들을 돌보고 치유하며, 감옥에 갇힌 이들을 방문하는 것"(DCE 31항 가)이라 하면서 이웃에게 조건을 따지지 않고 자신을 내어주는 모습이 사랑이라 가르친다. 그리고 "기회가 닿는 대로 우리가 할 수 있는 모든 곳에서 온전히 헌신하여 지금 직접 선행을 하는 것"(DCE 31항 나)이 "착한 사마리아인의 원칙이며 예수님의 원칙인 그리스도인의 원칙"이라면서 이를 "보는 마음(연민)"(DCE 31항 나)이라 정의하였다. 또한 이 '보는 마음'이 "사랑의 활동이 필요한 곳이 어디인지 보고 거기에 따라 알맞은 행동"(DCE 31항 나)을 하는 것이라 반복하였다.[4]

베네딕토 16세 교황이 부연한 내용을 토대로 볼 때 인용한 이 비유의 핵심은 크게 세 가지다. 첫 번째는 "무조건적 사랑"이다. 사마리아인은 그들을 적대시하는 유대인도 자기 몸처럼 보살폈다. 원수도 사랑할 줄 알았다. 두 번째는 "직접성"이다. 이는 사랑이 머리가 아니라 직접 몸으로 '당장' 실천해야 하는 일임을 뜻한다. 그리스도인은 누구든 비극, 재난이나 가난을 직접 목격하였을 때 머뭇거리지 않고 당장 그리고 구체적으로 도와야 한다는 뜻이다. 마지막은 "헌신성"이다. 무조건적 사랑은 자신을 모두 내어주는 것이다. 자기를 챙기지 않고 가진 모두를 마음을 담아내어주는 사랑이다. 이 세 가지가 교황이 말하는 '보는 마음'의 속성이다. 또한 가톨릭 사랑 실천 영성의 핵심이다.

성인들의 '보는 마음'

베네딕토 16세 교황은 사랑 실천의 모범을 보인 성인들을 소개하면서 제일 먼저 투르의 주교 마르티노(†397)를 예로 제시하였다. 그가 "무엇과도 바꿀 수 없는 사랑에 대한 개인적 증언의 가치를 보여주는 표상"(DCE 40항)이기 때문이라는 것이다. 그러면서 그에 얽힌 망토 이야기를 인용한다. 회칙에는 이 이야기가 너무 짧게 한 줄 정도 분량으로 언급되고 있어 다른 '성인 전기傳記'에서 열거한 내용들을 종합하여 옮겨본다.

마르티노는 로마군 장교의 아들로 태어났다. 로마 군인의 아들은 반드시 군인으로 복무해야 한다는 당시 관례에 따라 그는 열다섯 살에 입대한다. 그러나 이미 그리스도교에 마음이 끌리고 있었기에 전쟁에 나가 살육을 해야 하는 군복무가 싫었다. 다행히 그는 전투지가 아닌 점령지를 관리하는 주둔군으로 복무하게 되어 지금의 프랑스 골Gaul 지방에 주둔하게 되었다. 그는 군인으로 복무하면서 그리스도교 입교를 준비하는 오늘날로 치면 예비자로 살아가고 있었다.

그가 열여덟 살 때였던 어느 추운 겨울날 주둔지인 아미앵 성으로 돌아오던 길에 성문 앞에서 알몸으로 구걸하는 걸인을 만나게 된다. 살이 빨개져 얼기 직전인 걸인의 알몸을 본 순간 그는 주저하지 않고 칼을 빼 그가 두르고 있던 모직 망토를 반으로 갈라 걸인에게 둘러준다. 그날 밤 예수가 그의 꿈에 나타나 "여기 아직 영세를 받지 않은 로마 군인인 마르티노가 나에게 그의 망토를 입혀주었다"고 말한다. 이 일이 있고 나서 그는 그리스도교에 입교하게 되고 스물두 살에 제대하고 나서 가톨릭 신부가 되기 위해 포와티에의 힐라리오를 찾아간다.(Fernando, 2004: 104)

베네딕토 16세 교황은 이어 마태오복음 25장의 '최후의 심판' 사화史話를 인용하며 이 말이 성경에만 나오는 죽은 말이 아니라 실제로 일어났고 앞으로도 영원히 계속 일어날 일임을 강조한다. 이 심판 사화에서 베네딕토 16세 교황이 인용한 성경 구절은 다음과 같다.

"너희는 내가 굶주렸을 때에 먹을 것을 주었고, 내가 목말랐을 때에 마실 것을 주었으며, 내가 나그네였을 때에 따뜻이 맞아들였다. 또 내가 헐벗었을 때에 입을 것을 주었고, 내가 병들었을 때에 돌보아주었으며, 내가 감옥에 있을 때 찾아주었다. … '내가 진실로 너희에게 말한다. 너희가 내 형제들인 이 가장 작은 이들 가운데 한 사람에게 해준 것이 바로 나에게 해준 것이다'"(마태 25,35~40).

이 구절에서 예수님은 별 볼일 없는 미천한 그리스도인(18,6.10.14절 참조)을 '가장 작은 이들 가운데 하나'로, 그리스도인들(12,50; 23,8) 또는 제자들(28,10; 요한 20,17 참조)을 '형제들'로 표현하신다.(정양모,1990: 220) 그러나 이 구절에서 말하는 '작은 이'와 '형제들'은 그리스도인에 국한되지 않고 이 지구상에 존재하는 불쌍한 사람들(혹은 가난한 이들) 모두를 가리켰다. 따라서 마르티노가 망토를 잘라준 걸인은 그리스도인이 아닐 수 있고, 그 또한 걸인을 만났을 때 아직 그리스도인이 아니었다. 이는 사랑이 모든 인류에 미치는 보편적 가치라는 뜻이다. 그런데 이 체험은 앞에서도 전제하였듯이 예수님의 공생애 기간에만 일어날 수 있는 체험이 아니라 지금도 일어날 수 있고, 또 일어나야 하는 일이다. 누구든 마르티노처럼 '가장 작은 이'에게 자신을 내어줄 때 늘 예수님(하느님)을 만나게 된다는 것이다.

〈성 마르티노와 걸인〉

안토니 반 다이크Anthony van Dyck, 1618, 자벤템

베네딕토 16세 교황이 마르티노의 예화를 마태오복음의 '최후심판 사화'와 연결하여 사랑 실천의 모범으로 삼은 이유는 명백하다. 그가 착한 사마리아인의 비유에서 '보는 마음'의 요소로 언급한 '무조건적인 응답, 직접성, 헌신성'이 교회사 안에서 계속 이어져왔고, 오늘날 우리에게도 이어져야 한다는 점을 강조하기 위해서였다.

베네딕토 16세 교황은 바로 이어 안토니오를 필두로 사랑의 모범이었던 다른 열 명의 가톨릭 성인들을 소개하였다. 이들은 하나 같이 활동수도회를 창설하여 '자신의 온 생애를 하느님은 물론 이웃에게 바쳤다.'(DCE 40항)

먼저, 안토니오 아빠스는 동방 그리스도교에서 독수생활 eremitical life, 獨修生活의 모범이었다. 그는 스무 살 때 독수생활을 시작하여 105세에 선종할 때까지 독수자로 살았다. 그는 "자신의 온 생애를 하느님은 물론 이웃에게 바쳐야 한다는 절실한 필요성을 느낀"(DCE 40항) 사람이었다.

본래 은수자는 자기를 하느님께 바치기 위하여 내외적으로 고독을 추구하고 자신을 희생하며 남을 위해 기도하거나 영적 상담을 통해 신자들의 믿음을 북돋아주는 역할을 하는 사람이다. 그런데 대부분의 은수자들은 이 역할에만 머물지 않고 신자들이 자신들에게 가져다주는 음식과 물품들을 소유하지 않고 대신 그것을 가난한 이들에게 나눠주는 일에 힘썼다. 이렇게 사는 은수자들이 늘면서 은수자 공동체가 형성되었고 이 공동체가 나중에 수도회의 원형이 되었다. 이처럼 교회사 안에서 훌륭한 사랑 실천의 모범이 되는 수도회의 탄생 배경에 안토니오가 있다.(이홍근·이영희, 1991: 64~66)

두 번째로, 베네딕토 16세 교황은 "사람들을 맞아들이고 보호하며 돌보아주는 (이처럼) 위대한 구조"이자 '인류의 발전과 그리스도교 교육을 위한 수많은 활동을 펼치는"(DCE 40항) 수도회와 탁발 수도회들의 창설자 열 명의 가톨릭 성인을 사례로 제시한다. 물론 여기서 성인들이 섬긴 사람들은 성경과 교회사에서 말해온 이웃이고, 이들을 달리 "가난한 사람"이라 부를 수 있다. 이 열 명의 성인들은 "아시시의 프란치스코, 이냐시오 데 로욜라, 천주의 성 요한, 가밀로 데 렐리스, 빈첸시오 드 폴, 루도비카 드 마릴락, 주세페 B. 코톨렝고, 요한 보스코, 루이지 오리오네, 콜카타의 데레사"(DCE 40항) 등이다.

이들이 살았던 시대는 중세인 12세기(아시시의 프란치스코)에서부터 근대를 거쳐 현대(콜카타의 마더 데레사)에 이른다. 프란치스코는 복음적 가난을 실천하면서 굶주린 이, 가난한 이, 병든 이들을 섬겼다. 그의 정신을 이어받은 수도회들(3회를 포함)⁵은 그때부터 지금까지 세상에서 가장 작은 이들을 섬기는 데 헌신하고 있다.

이냐시오 데 로욜라는 환자들과 가난한 이들의 교육을 위해 헌신하였다. '천주의 성 요한'은 거리에 방치돼 있던 가난하고 병든 이, 고아, 과부, 정신병자 혹은 수용소에서 치료도 못 받고 고통 받는 이들을 돌보는 데 헌신하였다. 가밀로 데 렐리스는 '천주의 요한'과 더불어 병원, 간호사, 그리고 병자들의 수호자로 불릴 만큼 병자들을 위해 생애를 바쳤다. 그와 그가 창설한 가밀로회는 병자를 돌보는 기술보다 병자들에게 지극한 사랑을 쏟은 일로 유명했다. 그가 창설한 수도회는 그의 삶을 철저히 실천하기 위해 병자, 환자들을 포함한 모든 병자들에게 봉사하겠다는 제4서약을 한다.[6]

빈첸시오 드 폴은 프랑스에서 당대의 가난한 이들을 구제하는 데 앞장섰고, 같은 목적을 갖는 여러 수도회들을 창설하였다. 루도비카 드 마릴락은 빈첸시오 드 폴과 함께 '애덕의 수녀회'를 창설하였다. 이들이 설립한 수도회들은 병원, 고아원, 그리고 가난한 이들을 도왔다. 이들은 탁월한 리더십과 전문 경영기술로도 유명하였다. 코톨렝고는 가난한 이들과 도움이 필요한 이들을 위해 많은 사회복지 시설을 설립하였고, 직접 세운 복지시설들을 관장하는 성 삼위일체 사제회, 병원에서 환자들을 돌보는 것을 카리스마로 하는 '성 빈첸시오 드 폴 수사회', '성 빈첸시오 드 폴 수녀회'와 여성 재소자를 위해 봉사하는 '테이 수녀회Sisters of Thais' 등을 설립하였다.

요한 보스코는 청소년에 대한 사랑으로 유명하다. 특히 보스코는 가난한 청소년들에게 지대한 관심을 보였다. 루이지 오리오네도 요한 보스코처럼 청소년들의 복지에 관심을 쏟았다. 오리오네는 여러 곳에 청소년을 위한 집을 개설하고 복지와 신앙교육 영역에서 큰 기여를 하였다. 콜카타의 성녀 데레사는 인도 콜카타에서 역시 가난한 이들과 병자들을 위해서 헌신하였다.[7]

이들은 본 회칙 21항에서 24항까지 열거하는 교회의 본질적 영역 가운데 하나인 "사랑 실천"의 모범 사례들이다. 이들은 하나같이 "과부와 고아, 죄수, 병자들과 온갖 궁핍 속에 사는 가난한 이들"(DCE 22항)을 섬겼다. 또한 이들은 가난한 이들에게 영적으로 뿐 아니라 물질적인 수단을 통해 구체적으로 도왔다. 대상자들의 영과 육 전체의 치유를 위해 헌신하였다.

이들이 신자들의 모범이 되는 두 번째 이유는 이분들이 "믿음과 희망과 사랑의 사람들이기 때문"(DCE 40항)이다. "믿음과 희망과 사랑은 함께 갑니다. 희망은 실패에 직면해서도 선한 일을 계속하는 인내의 덕과, 하느님의 신비를 받아들이고 어둠의 때에도 하느님을 믿는 겸손의 덕을 통하여 이루어집니다. 믿음은 우리에게 하느님께서 우리를 위하여 당신 아드님을 내어주셨음을 알려주며, 하느님은 사랑이시라는 참된 진리에 대한 승리에 찬 확신을 줍니다. … 캄캄한 어둠 속에서도 마침내 하느님께서 영광스럽게 승리하신다는 확실한 희망을 갖게 합니다. … 믿음이 사랑을 낳습니다. 사랑은 빛입니다. 어둠에 싸인 세상을 언제나 밝혀 주고 우리에게 살아 움직일 수 있는 용기를 주는 빛, 유일한 빛입니다."(DCE 39항)

보는 마음의 양성

'보는 마음'은 '마음의 양성Cordis Formatio'이 도달해야 할 원칙이자 목표이다. 베네딕토 16세 교황은 "그리스도 안에서 하느님과 만나 다른 사람들에 대한 사랑을 깨닫고 다른 사람들에게 마음을 열어야 한다"(DCE 31항 가)고 하면서 마음의 양성이 무엇을 목표로 하는지 보여준다.

이 목표가 이른바 '다른 사람들에 대한 사랑을 깨닫고 다른 사람들에게 열 수 있는 마음'에 도달하는 일이다. 여기에 이르면 우리는 "마음에서 우러나는 정성"(DCE 31항 가)으로 인간에게 "적절한 전문적 도움 이상의 무엇"을 줄 수 있고, "풍부한 인간애를 체험할 수 있도록" 해줄 수 있다. 이렇게 함으로써 그리스도인은 "순수하고 헌신적인 사랑"으로 "우리가 믿는 하느님, 사랑으로 우리를 이끄시는 하느님에 대한 가장 훌륭한 증언"(DCE 31항 다)을 하게 된다. 그리고 "사랑의 활동이 필요한 곳이 어디인지 보고, 거기에 따라 알맞은 행동"(DCE 31항 나)을 하게 된다. 이처럼 그리스도인들이 이런 마음을 갖도록 개인적으로 또는 공동체적으로 노력하는 것이 마음의 양성이다.

그런데 많은 그리스도인들은 이런 사랑이 애초에 자신에게 없다고 생각하는 경향이 있다. 자신은 사랑할 능력이 되지 않으며 그렇게 하는 이들은 성인이니까 그리 할 수 있다고 함으로써 처음부터 자신의 가능성을 부정한다. 과연 평범한 그리스도인은 이런 능력이 없을까?

하느님이 인간에게 심어준 사랑

베네딕토 16세 교황은 회칙 14항 마지막에서 "사랑의 '계명'은 가능합니다. 왜냐하면 사랑은 단순한 요구가 아니기 때문입니다. 사랑하라는 '계명'을 받을 수 있습니다. 왜냐하면 사랑은 먼저 주어졌기 때문"이라고 말한다. 사랑이 이미 우리 안에 주어졌다는 것이다.[8] 우리는 이 점을 교황이 요한의 첫째 서간 "하느님은 사랑이십니다. 사랑 안에 머무르는 사람은 하느님 안에 머무르고 하느님께서도 그 사람 안에 머무르십니다"(4,16)를 인용하면서 이 말을 "그리스도교 신앙의 핵심, 곧 하느님을 닮은 그리스도인의 모습, 그리고 그에 따른 인간의 모습"(DCE 1항)이라 선언한 데서 확인할 수 있다.

이는 이미 모든 인간이 사랑할 가능성, 사랑할 수 있는 능력을 갖고 있음을 뜻한다. 따라서 이러한 바탕 위에서 우리는 "하느님께서 우리를 먼저 사랑하셨으므로(1요한 4,10 참조), 사랑은 이제 더 이상 단순한 '계명'이 아니라, 하느님께서 우리에게 다가오시는 '사랑의 은총'에 대한 응답"(DCE 1항)을 할 수 있고, 그리스도교의 신이 인간에게 베푸는 사랑과 인간 사랑이 본질적으로 연결되어 있기에 누구나 사랑을 실천할 수 있다.(DCE 1항)

일상에서 경험하는 사랑

인간이 자신을 조건 없이 내주는 사랑을 실천할 수 있는 것은 이미 우리 안에 신이 그럴 만한 요소를 심어놓았기 때문이라 하였다. 실제로 도무지 자기밖에 모르던 이들이 동물을 키우거나 누군가를 사랑을 하게 되면 이타적인 사람으로 변하는 경우를 볼 수 있다. 이러한 종류의 사랑에는 "조국에 대한 사랑, 직업에 대한 사랑, 친구 간의 사랑, 일에 대한 사랑, 부모와 자식 간의 사랑, 이웃에 대한 사랑, 하느님에 대한 사랑"(DCE 1항) 등 다양하다. 이 사랑이 다 같지는 않지만 적어도 전적으로든 부

분적으로든 자신을 내어준다는 면에서 공통점이 있다. 이 가운
데서 가장 으뜸이 되는 사랑이 남녀 간의 사랑이다.

남녀 간의 사랑

교황 베네딕토 16세는 "(사랑의) 이러한 다양한 의미 가운데에
서 특히 두드러지는 것은 '남녀 간의 사랑'입니다. 이 사랑 안
에서 나눌 수 없는 육체와 영혼이 결합되고, 마다할 수 없는
행복에 대한 약속이 인간에게 드러납니다. 이는 뛰어난 사랑
의 원형처럼 보여, 다른 온갖 사랑은 그와 비교할 때 빛을 잃
어버리는 듯 합니다"(DCE 2항)라고 하며 남녀 간의 사랑을 인간
의 가장 기본적인 사랑 형태로 간주한다.

남녀 간의 사랑이 본 회칙에서 말하려는 에로스와 아가페를
일치시키는 사랑이라 보는 까닭이다. 교황에 따르면 이성 간
의 사랑은 자칫 '일종의 도취', '신적인 광기'(DCE 4항)로 인간성
을 타락시키는 광적 열정인 에로스적 측면도 있지만, 서로에
게 자신을 조건 없이 주는 아가페적 측면도 갖고 있다.[9]

남녀 간, 그리고 이후 완전한 성사혼[10]에서 실현되는 '혼인
적 사랑'(박문수, 2011)은 아가페가 에로스에 '정화와 성숙'(DCE 5
항)을 통한 치유와 진정한 위대함의 회복을, 에로스는 아가페
에 육체성을 부여함으로써 "인간을 이원성 안의 일치로, 곧 정

신과 물질이 하나로 융합되고 그리하여 정신과 물질이 모두 새로운 고귀함에 이르게 되는 하나의 실재"(DCE 5항)가 되게 한다. 물론 그리스도교 신앙이 이 참다운 실재가 되도록 하는 데 필수적이다.

이러한 사랑에 이르면 "이제 다른 이를 염려하고 배려하는 것이 된다. 사랑은 더 이상 자기를 찾는 것도 아니고 행복의 도취에 빠지는 것도 아니다. 오히려 그것은 사랑하는 사람의 행복을 찾는 것이다. 사랑은 포기가 된다. 사랑은 희생하겠다는 각오이고, 바로 그 희생을 찾는 것"(DCE 6항)이 가능해진다. 이어 이 사랑은 높은 차원으로 성장하고 내적으로 정화되어 결정적인 "배타의 의미와 '영원'이라는 의미"(DCE 6항)를 지니게 되어, 궁극에 '영원'을 바라보게 된다.(DCE 6항)

그리하여 마침내 "자기만을 찾는 닫힌 자아에서 끊임없이 벗어나 자기를 줌으로써 자아를 해방시키고, 참으로 하느님을 발견"(DCE 6항)하게 된다. 이것은 또한 예수의 "제 목숨을 보존하려고 애쓰는 사람은 목숨을 잃고, 목숨을 잃는 사람은 목숨을 살릴 것이다"(루카 17,33)라는 말에서 드러난 "십자가를 통하여 부활에 이르는 당신 자신의 길"(DCE 6항)이기도 하다. "땅에 떨어져 썩어서 많은 열매를 맺는 밀알의 길"(DCE 6항)이다. 아울러 예수는 이 말을 통해 "당신 자신의 희생과 당신 안에서 완성된 사랑의 원리에서 출발한" "사랑의 본질과 인생의 보편적인 본질"(DCE 6항)을 밝힌다.

사랑에 빠진 남녀가 짧은 순간이지만 조건 없이 서로에게 자신을 주는 모습과 혼인을 통해 지속적으로 가정을 이루며 사는 부부들의 모습에서 이 '보는 마음'을 확인할 수 있다. 그런데 이러한 사랑이 애초에 인간 안에 심어져 있지 않았다면 누구도 사랑할 수 없다. 따라서 이러한 사랑이 가능하다면, 이웃을 향한 사랑도 가능할 터. 다만 이웃에 대한 사랑이 저절로 이뤄지지 않으니 이러한 가능성을 키워나가는 훈련이 필요한데 이것이 마음의 양성이다.

자녀 사랑

아무리 이기적인 사람도 부모가 되면 이타적으로 변한다. 자식에 대한 조건 없는 사랑을 하게 된다. 때로 이 사랑에 조건이 붙기도 하지만 대부분의 부모들은 생을 마치는 순간까지 자녀들을 포기하지 않는다. 이른바 자녀에 대한 '무한 책임'의 사랑을 실천한다.

그런데 이런 체험을 하는 부모들은 대부분 이것이 인간이 한 동물 종種으로서 갖는 본능일 뿐 '하느님 체험'이라 생각하지 않는다. 따라서 부모의 자녀에 대한 사랑은 자연의 이치일 뿐 반드시 그리스도교에서 말하는 이웃 사랑과 연결할 필요가 없다고 본다. 이러한 태도가 생활에서 흔히 만나게 되는 '가족 이기주의'의 원인이 된다. 그러나 이 부모의 사랑 역시 하느님이 인간에게 부여한 속성이라는 게 우리 교회의 입장이다. 앞에서 본 남녀 간의 사랑의 결실이 자녀이고 이 자녀가 신의 선물인 까닭이다.[11]

또한 자녀를 가진 대부분의 부모들은 부모를 잃거나 부모에게서 버림받은 아이들에게 연민을 느낀다. 일시적이지만 이러한 아이들에 대한 연민은 이웃에 대하여 갖는 자연스러운 사랑의 감정이다. 구약성경과 대부분의 나라들에서 '고아'를 이웃으로 여기는 오랜 전통을 발견할 수 있는데 이런 모습도 동물의 세계에서는 발견하기 어려운 인간에게만 고유한 것이다. 따라서 자녀에 대한 사랑은 동물계에서 보편적으로 발견되는 자연현상이 아니라 창조를 통해 그리스도교의 신이 인간에게 심어준 속성이다. 그렇다면 자녀 사랑을 경험한 이들은 누구나 그리고 이 사랑의 연장에서 이웃을 사랑할 수 있다.

'타자the other'를 통한 초월

프랑스 철학자 에마뉘엘 레비나스는 타자의 철학을 통해 누구든 사랑을 실천할 가능성이 있음을 보여준다. 그에게 타자는 그리스도교에서 말하는 이웃과 거의 같은 개념이다. 그는 우리가 어떻게 이 타자를 통해 자신의 이기심을 초월해 이타적인 주체로 설 수 있는가에 관심을 가졌다. 그의 철학을 자세히 들여다보면 거의 그리스도교 신학에 가깝다.

그는 그리스도교에서 말하는 이웃과 우리가 맺는 관계를 '얼굴의 현현顯現'을 통해 접근한다. 그는 타자의 얼굴의 "현현은 일상적으로 만나는 사물과는 전혀 다른 새로운 차원, 즉 참된 인간성의 차원을 열어 준다"(Levinas, 2011: 188)는 의미에서 일종의 계시啓示로 본다. 그런데 여기서 계시는 경험하는 주체에서 비롯되지 않고 타자의 얼굴로부터 나타나는 '절대적 경험'이라는 측면에서 외재적이고 명령적이다.

그에게 타자의 얼굴은 우리에게 윤리적 호소로 다가온다. 그의 얼굴을 통해 "타인의 곤궁과 무력에 부딪힐 때 나는 내 자신이 죄인임을, 부당하게 나의 소유와 부와 권리를 향유한 사람임을 인식한다. 타자의 경험은 내 자신의 불의와 죄책에 대한 경험과 분리할 수 없게 된다."(강영안, 2011: 36) 그런데 나에게 호소하는 얼굴의 힘은 역설적으로 강자의 힘이 아니라 타자의 "상처받을 가능성, 무저항에서"(강영안, 2011: 35) 온다.

일예로 자녀의 얼굴을 바라보는 부모의 시선을 들 수 있다. 갓난아이의 얼굴은 다른 동물들과 달리 스스로 살아남을 수 없다는 신호를 보낸다. 부모의 보호(젖을 포함한다)가 없이는 살아남을 수 없으므로 부모가 당연히 자신을 도와야 한다고 요청하는 신호이다. 그런데 이 생명은 하느님으로부터 왔으므로 이 신호는 하느님이 나의 시간과 물질을 아이에게 내놓으라는 명령과 같다. 그리고 나의 자유와 재산은 자신의 것이 아니라 본래 아이의 것이었음을 깨닫도록 요구한다.

두 번째로, 렘브란트의 그림 〈돌아온 탕자〉에서 볼 수 있는 아버지의 시선gaze이다. 이 그림은 루카복음 15장 11절에서 32절까지에 나오는 이 '되찾은 아들의 비유(일명 돌아온 탕자의 비유)' 가운데서 두 아들 가운데 제 몫의 유산을 모두 챙겨 나갔다가 탕진하고 돌아온 막내아들을 맞아들이는 아버지의 모습을 그리고 있다. 이 장면 직전의 이야기를 이 비유는 이렇게 묘사하고 있다.

"그가 아직도 멀리 떨어져 있을 때에 아버지가 그를 보고 가엾은 마음이 들었다. 그리고 달려가 아들의 목을 껴안고 입을 맞추었다."(20절)

이 구절들을 미뤄보면 이 그림은 입을 맞추기 전이거나 맞추고 나서의 상황을 묘사했을 가능성이 높다. 렘브란트는 아

〈돌아온 탕자〉

렘브란트, 1668, 에르미타시 박물관

버지를 노쇠한 얼굴로 그린다. 그리고 한쪽 눈이 안 좋아진 모습으로 묘사한다. 본래 이 비유와 그림은 아버지(또는 하느님)의 사랑을 강조하기 위해서였다.

그런데 이를 레비나스의 관점에서 보면 반대로 해석이 가능하다. 아버지의 얼굴이 아니라 재산을 모두 탕진하고 돼지에게 먹이는 열매도 얻어 먹지 못해 피골이 상접한 아들의 얼굴을 중심으로 보는 것이다. 아들의 얼굴은 아버지에게 무한한 연민을 자아내 '가엾은 마음'이 들게 했다. 그래서 아버지는 아들의 얼굴에서 보내는 명령에 순종하여 큰아들의 감정을 거스르면서까지 막내에게 가장 좋은 옷, 반지, 신발뿐 아니라 큰아들에게 한 번도 내준 적이 없는 살진 송아지를 잔치 음식으로 쓰라고 내준다.

이들 예에서처럼 과부, 고아, 나그네와 같은 타자의 "무저항은 동정을 불러일으키는 연약함과는 다른 개념이다. 만일 타자가 연약하기 때문에 나에게 동정을 불러일으킨다면 타자는 나의 선의와 자선에 종속되고 말 것이기 때문이다. 레비나스의 얼굴은 동정을 유발하지 않고 내가 정의로워야 한다고 요구한다. 무력함 자체가 도움에 대한 명령이다. 예컨대 궁핍 속에 있는 이웃은 우리에게 윤리적 명령에 직면하게 한다. 그의 궁핍과 곤궁이 하나의 명령으로 나에게 다가온다."(강영안, 2011: 35)

이때 나는 자신을 포기함(자신을 내어줌)으로써 진정한 나가 된다. 그리고 이때 타자는 나의 선의와 자선에 종속되는 존재가 아니라 "나의 주인이다. 나는 내 자신을 벗어나 그를 모실 때 비로소 그와 동등할 수 있다. 타자를 처음부터 나와 동등한 자로 생각할 때 그는 나에게 아무것도 요구하지 않고 나와 마찬가지로 자기실현을 추구하는 사람으로 보게 된다."(강영안, 2011: 35)

레비나스에게 초월은 초자연적 경험이 아니라 바로 타자의 얼굴이 우리에게 하는 윤리적 요청에 응답하여 자신을 내어주는 태도이다. 타자가 내게 다가오게 되면서부터 나는 나의 현실을 자각하게 되고(도전을 받는다는 의미) 곧 바로 타자를 영접하고 대접할 때 진정한 의미의 주체성, 곧 본래적 의미의 인간인 나를 찾게 된다. 이는 베네딕토 16세 교황이 말하는 '보는 마음'이 하느님의 요청이라는 뜻으로 읽을 수 있다.[12]

보는 마음의 양성

그러면 그리스도인이 어떻게 도움의 필요를 느끼는 대상이 있을 때 착한 사마리아 사람처럼 '그들을 외면하지 않고 가엾은 마음'을 가질 수 있을까? 레비나스가 말한 것처럼 타자의 얼굴을 자신의 이기성을 초월하라는 명령으로 받아들일 수 있을까? 그동안 잘 살고 있었지만 이제 지쳐 모든 일이 의심스럽고 새로운 활력이 필요할 때 어떻게 새로 충전할 수 있을까? 이른바 '보는 마음'을 어떻게 양성할 수 있을까?

사랑을 통해 자라는 사랑

베네딕토 16세 교황은 사랑은 사랑의 체험이 이뤄질 때 가능하다고 하면서 지속적으로 다른 이들에게 사랑을 나누어야 한다고 말한다. 이미 실천하는 그리스도인이 아니라 사랑을 망설이는 그리스도인들에게 요청되는 자세인 셈이다. 그리고 이 모습은 에마뉘엘 레비나스의 사상처럼 '타자'의 요청에 지속적으로 응답하는 태도이기도 하다.

"사랑은 사랑을 통하여 자라는 것"(DCE 18항)인 까닭이다. 사랑은 그 본질이 다른 사람들과 서로 나누어야 하고, 그렇게 나눌 때 더 자란다. 본래 인간 안에 하느님이 심어놓은 '보는 마음'이 사랑의 실천을 통해 일깨워지고, 체험이 늘어날수록 더 커진다. 또한 "기꺼이 내 이웃을 만나 사랑을 드러내고자 할 때에만 나는 하느님께도 마음을 쓸 수 있다. 내가 이웃에게 봉사할 때에만 나는 하느님께서 나를 위하여 무엇을 하시는지, 하느님께서 나를 얼마나 사랑하시는지 알 수 있다"(DCE 18항)는 것이 베네딕토 16세 교황의 생각이다.

"사랑은 사랑을 통해 자란다."

생명의 샘에서 생명수를 길어 올리는 '성체성사'

교황은 "인간은 생수의 강들이 흘러나오는 샘이 될 수 있습니다.(요한 7,37~38 참조) 그러나 그러한 샘이 되려면 그 원천에서 흘러나오는 새 물을 끊임없이 마셔야 합니다. 그 원천은 다름 아닌 예수 그리스도이시며, 창에 찔린 그분의 심장에서는 하느님의 사랑이 흘러나옵니다"(DCE 7항)라고 하면서 모든 그리스도인이 영원히 마르지 않는 생명의 샘에서 물을 길어야 한다고 강조한다.

교황은 이어 12항에서 예수 그리스도께서 마르지 않는 샘이 되는 이유를 설명한다.

> "그분의 십자가 위 죽음은 하느님께서 당신 자신을 거슬러, 인간을 들어 높이시고 구원해주시고자 당신 자신을 내어주시는 행위의 절정입니다. 그것은 가장 철저한 형태의 사랑입니다. 요한이 말하는 그리스도의 찔린 옆구리(요한 19,37 참조) ⋯ 바로 거기에서 우리는 이 진리를 바라볼 수 있습니다. 바로 거기에서부터 사랑에 대한 우리의 정의는 시작되어야 합니다. 그리스도인은 그렇게 바라봄으로써 자신이 살아가고 사랑하여야 할 길을 찾아냅니다."(DCE 12항)

하느님의 본질이 사랑이고, 사랑의 본질이 자기를 조건 없이 내어줌이라는 사실을 예수의 십자가 위 죽음이 보여주고 있고, 그의 찔린 옆구리에서 피와 함께 흘러나온 물은 앞으로 사랑을 실천하는 모든 그리스도인들에게 생명의 물을 상징한다. 이로써 그리스도인은 십자가 위에 달려 기꺼이 자신을 내어준 예수의 모습을 늘 바라봄으로써 새로운 힘을 얻게 된다. 그런데 이 예수는 성체를 통해 그리스도인과 함께한다. 이로 인해 그리스도인은 성체성사를 통해 이 생명의 물을 끊임없이 길어 올릴 수 있다.

"성체성사는 예수님께서 당신 자신을 바치시는 행위에 우리를 끌어들입니다. 우리는 강생하신 로고스를 단지 정적으로 받기만 하는 것에서 더 나아가 그분께서 당신 자신을 바치시는 역동적인 행위 안으로 들어갑니다."(DCE13항) "영성체는 내가 자신에게서 벗어나 그분을 지향하도록, 그리하여 모든 그리스도인과 이루는 일치를 지향하도록 해줍니다. 우리는 한 실존 안에 완전히 결합된 '한 몸'이 됩니다. 하느님 사랑과 이웃 사랑은 참으로 하나가 됩니다. … 성찬례에서 하느님 자신의 아가페 몸으로 우리에게 오시어, 우리 안에서 우리를 통하여 당신의 일을 계속하는 것입니다."(DCE 14항)

성체성사가 이러한 힘을 갖고 있기에 그리스도인들은 성체성사를 통해 그리스도에 더 가까이 가고, 그럴수록 우리는 사랑을 실천하기가 쉬워진다고 믿는다. 베네딕토 16세 교황은 가톨릭 성인들의 예를 통해 성체성사가 전례나 형식이 아니라 실제로 생명의 원천이 되었다는 점을 강조한다.

> "성인들-콜카타의 마더 데레사 복자의 예를 생각해봅시다-은 성체 안에 계신 주님을 만나 이웃 사랑의 힘을 끊임없이 길어올렸으며 거꾸로 그 만남은 이웃에 대한 봉사를 통하여 더욱 생생해지고 심오해졌습니다."(DCE 18항)

관상과 활동의 일치

외적인 사랑 실천 행위만으로 지속적인 사랑을 하기는 힘들다. 지속적인 사랑이 가능하기 위해서는 내적인 힘의 원천이 필요하다. 이 내적인 힘을 기르는 방법 가운데 하나가 기도이다. "하느님께 기도하며 바치는 시간은 우리 이웃에 대한 사랑의 효과적인 봉사에서 멀어지는 것이 아니라, 실제로 그러한 봉사의 마르지 않는 원천이라는 사실을 분명히 보여"(DCE 36항)주는 까닭이다.

그리고 "착한 목자는 관상에 깊이 뿌리내려야 한다는 것 … 그럴 때만이 그는 다른 사람들의 요구를 떠안고, 그 요구들을 자신의 것으로 만들 수 있다는 것 … 연민의 마음으로 다른 이들의 나약함을 자기 것으로 삼는 … 안에서는 관상으로 드높여지지만, 밖에서는 병자들을 돌보는 일에 헌신한다."(DCE 7항)

이처럼 교황은 기도(관상)가 활동의 뿌리가 되어야 함을 강조한다. 그럴 수 있을 때 우리는 하느님의 품 안에서, 신과 함께, 내가 좋아하지 않거나 알지 못하는 사람까지도 사랑하게 된다. 그리고 그때 자신의 눈과 감정이 아니라 예수 그리스도의 눈으로 다른 사람을 바라볼 수 있게 된다는 것이 교황의 생각이다.(DCE 18항 참조)

어떤 경우에도 하느님을 믿음

어떤 경우에도 그리스도교의 하느님을 믿는 것이다. 가난한 이들의 불행과 비극, 2차 세계대전 때 나치에 의해 육백만의 유대인이 학살당한 사건처럼 때로 역사에서는 신의 부재처럼 느껴지는 일들도 허다하다. 이럴 때조차도 하느님에 대한 신앙의 끈을 놓지 말아야 한다는 것이 교황의 생각이다.

"하느님의 절대적 권능에 대한 우리의 신앙을 가장 깊고 철저하게 확인하는 것입니다. … 다른 모든 사람처럼 복잡하고 비극적인 역사적 사건들 속에서 살아가는 그리스도인들은 하느님의 침묵을 이해할 수 없을 때에도, 하느님께서 우리의 아버지이시고 우리를 사랑하신다는 것을 흔들림 없이 믿습니다."(DCE 38항)

이렇게 그리스도인은 '보는 마음'을 더 자라고 강하게 할 수 있다.

성모 마리아를 닮고 따름

마지막으로, 교황은 회칙 끝 부분에서 우리가 '생수의 강들이 흘러나오는' 생명의 샘이 되는 방법을 제시한다. 교황은 우리 모두가 사랑 실천을 통해 생명의 샘이 되는 방법을 성모의 네 가지 모습을 통해 제시한 바 있다. 그러나 이 사랑은 "하느님과 이루는 가장 내밀한 일치를 통하여 완전히 하느님으로 충만해질 때 가능"하다고 본다. 그리고 그 방법 중에 하나로 성모님의 "자기를 찾지 않고 오로지 자비를 베푸는 순수한 사랑"을 깨닫는 것을 제시한다.

교황은 우리가 이 사실을 믿고 깨달으면 그러한 사랑을 할 수 있다고 가르치고 있는 것이다. "동정 성모 마리아께서는 우리에게 사랑이 무엇인지, 사랑은 어디서 시작되고 어디서 끊임없이 새로운 힘을 얻는지를 보여주시는"(DCE 42항) 까닭이다.

교황은 이 방법을 회칙 마무리에 나오는 기도에서 알려준다.

"어머니께서는 하느님의 부르심에 온전히 자신을 맡기시어
하느님에게서 흘러나오는 선의 샘이 되셨나이다."(DCE 42항)

이는 앞에서 성모 마리아가 희망의 여인, 믿음의 여인이 되
는 이유와 같다. 이는 또한 우리가 성모의 이러한 모습들을 닮
을 때 신에서 비롯되어 그와 연결돼 있는 샘 줄기에 닿을 수
있고, 거기서 물을 마실 수 있게 (혹은 물을 길 수 있게) 된다는 뜻이
기도 하다.

영성의 열매인 연민

교황 베네딕토 16세의 첫 회칙 『하느님은 사랑이십니다』에 따
라 가톨릭 사랑 실천의 원리이자 영성인 "보는 마음"(연민)을 살
펴보았다. "보는 마음"은 여러 차례 반복하였듯이 그리스도인
의 삶의 원칙이자 목표다. 신자라면 궁극에 신앙의 열매로 맺
어야 하는 것이다. 다행히 하느님이 인간 안에 이 가능성을 심
어주셨기에 우리는 언제든 이 열매를 맺을 수 있다. 물론 어떤
이는 다른 이들에 비하여 더딜 수 있다. 그러나 이는 시간의

차이일 뿐 누구든 반드시 타자에게 자신을 내어주는 열매를 맺을 수 있다.

베네딕토 16세 교황은 언제든 이 마음이 우리 안에서 일어나기 위해서는 마음의 양성이 필요하다고 하였다. 하느님과의 내밀한 관계를 통해 자신의 이기적 자아를 초월하여 타자에게 자신을 주는 이타적 존재로 나아가기 위해 말이다.

그러나 교황은 이 방법에 대하여 체계적으로 제시하진 않았다. 다만 여러 맥락에서 신자들이 이 내용을 유추하도록 하고 있다. 앞에서 열거한 다섯 가지 '보는 마음'의 양성 방법은 이 방식으로 내가 회칙 전체에서 유추한 것이다. 그러나 이 방법들은 원칙이지 이를 실현할 수 있는 시행 세칙이 아니다. 세밀한 실천방법들은 우리 각자가 개인적으로나 집단적으로 찾아야 하는 과제이다.

무엇보다 연민은 타인에게 마음을 여는 데서 시작하고, 계속 사랑하는 데서 자란다는 사실을 명심하는 것이 중요하다. 자기 안에만 머무는 것은 우리 신앙이 아니다. 신앙인은 모름지기 언제고 자신을 넘어 타자에게 향할 수 있는 존재여야 한다. 그렇게 마음을 열고 연습하고 실천해야 한다. 이것이 우리가 맺어야 할 열매이다.

주석

2부 1장

1   '다음' 인터넷 국어사전 참조.

2   같은 논문에서 김상우는 프랑스의 일상사회학자 노베트르 엘리아스의 이 말을 인용하여 일상의 평범함을 드러내고자 하였다.

3   대부분의 지혜는 다수의 인간 경험을 평균적으로 요약한 것이다. 따라서 모두에 해당되진 않아도 다수에게 설득력을 갖는다. 인간은 대부분 과거의 경험에서 미래를 유추하기 때문에 오랜 역사를 가진 의미체계인 종교가 삶의 준거(reference)가 될 수 있다.

4   테크놀로지는 인간의 육체성을 확장해주는 측면이 있다. 인터넷 기술을 통해 인간의 육체성이 지구 전체로 확장되는 경우를 예로 들 수 있다. 가상현실도 육체성을 띠진 않지만 자신의 육체적 한계를 확장하는 기술이다. 이렇게 인간은 끊임없이 자신의 육체적 한계를 테크놀로지를 통해 확장하고 싶어 한다. 이는 초월욕구이기도 하다.

5   '나를 잊는다'는 나를 초월한다는 뜻이다. 내가 나를 초월하지 않으면 이타적 행위가 불가능하기 때문이다. 바로 앞의 '나를 풀어주는 행위'도 마찬가지다. '나'의 속박을 벗어나지 않으면, 즉 초월하지 않으면 나를 타인에 내어줄 수 없기 때문이다.

6   같은 책, 10쪽 참조. 매 순간은 과거로부터 현재로 이어온 것이고, 그 순간은 다시 미래로 이어진다. 현재의 선택에 따라 과거는 단절되거나 영속되는 것이다. 모든 것이 영속되지만 라너가 영원으로 이어지길 바란 것은 바로 앞의 인용구에 잘 드러나 있다. 또한 일상은 작은 것의 연속이다. 우리는 나중에 지난 일을 떠올릴 때 큰 것을 기억하지만, 이 조차도 작은 것이 쌓인

결과다. 작은 일 없이 큰 일이 되는 법은 없다. 작은 일에 충실해야 큰 일도 잘 이룰 수 있다.

7 같은 책, 8쪽. '견디어내야 한다'는 모두와 모든 상황에 적용되는 것은 아니다. 어떤 이는 일상을 극복 대신 향유할 수 있고, 우리도 일상의 어느 순간은 향유할 수 있기 때문이다. 일상 영성은 일상을 견뎌내기보다 향유하는 것을 지향하고 있다.

8 조지 A. 멀로니는 "그리스도교의 영성은 이론적인 학문으로서가 아니라 실천적인 것으로서, 즉 그리스도 안에서 생활한 삶으로서 발전되어왔다"고 했는데, 나의 주장을 뒷받침하고 있다. G. A. Maloney, Breath of Mystic(『현대인의 영성-신비가의 숨』, 유봉우 역, 분도출판사, 1996), 20쪽.

9 사실 학자들도 실천하지 않으면 제대로 이해할 수 없다. 따라서 전통에서 나온 것들을 그럴듯하게 편집하는 방식의 정의는 내가 정의하려는 바와는 거리가 멀다.

10 물론 일시적으로 자신을 사회와 분리시키는 노력은 필요하다. 은둔자들처럼 아예 떠나는 방식은 거부하지만, 에바그리우스 폰티쿠스 교부의 가르침대로 '사람들을 발견하기 위해 사람들을 떠날 수는 있다.'

11 에바그리우스 교부의 아파테이아도 비슷한 상태를 이야기한다.

12 여기서는 기도를 대부분 영성생활과 동의어로 사용하였다.

13 아마 이러한 삶의 모습이 멀로니가 이야기한 '최초의 인간 상태로 되돌아가는 것'일 터이다. G. A. Maloney, 앞의 책, 22쪽.

14 전영준, "교회 문헌을 통해서 살펴본 평신도 영성", 『가톨릭 신학과 사상』 Vol 45, 신학과 사상학회, 2003, 29쪽 참조. 전 신부는 이 연장에서 "이 세상의 복잡한 현실 안으로 기꺼이 육화하여 세상 사물을 통해 하느님의 은총을 인간을 인간에게 드러내신 예수 그리스도를 본받아 평신도 그리스도인들은 세상의 모든 인간 활동을 통해서 자신과 타인에게 주님의 은총을 체험시킬 필요가 있다"고 평신도 영성의 본령을 강조하고 있다. 같은 글, 18쪽.

15 이에 대하여 교황 성 요한 바오로 2세는 "평신도들은 참으로 일상의 직업과 사회생활 안에서 성화되어야 한다. 그러므로 자신들의 소명에 응답할 수 있도록, 평신도들은 하느님께 일치하여 하느님의 뜻을 이루고 다른 사람들에게 봉사하며 그들을 그리스도 안에서 하느님과의 친교로 인도하는 기회로서 일상생활을 인식하여야 한다"(평신도 그리스도인, 17항)고 함으로써 일상의 성화가 평신도 일상 영성의 핵심 요소임을 밝혔다.

16 교황청정의평화평의회, 『간추린 사회교리』(제2판), 한국천주교주교회의, 2016. 62~63항, 67항 참조. 특히 62항은 사회교리가 '사회관계의 복잡한 구조 안에 복음을 선포하고 현존시키는 방식'으로 간주하고 있다.

17 345년경 터키 북부 폰투스 이보라에서 출생하였다. 바실리우스 교부에게서 독서직을 받고, 379년에 나지안주스의 그레고리오 교부에게 부제품을 받았다. 이집트 켈리아 지역에서 수도생활을 하였다. 당대에 그는 위대한 신비가이자 탁월한 신학자로 평판이 높았다. 그리스도교 수도승 생활의 전성기였던 4세기에 동방 수도승 영성을 학문적으로 체계화, 심화한 업적으로 영성사에서 널리 인정받고 있다.

18 내면이 정화되고 맑아지고 예리해지는 만큼만 외부에서 벌어지는 문제를 객관적으로 인지하고 효과적으로 개입할 수 있다. 그래서 안과 밖이 아직 일치하지 않을 때 홀로 구별되는 시간과 공간을 확보해야 한다. 안과 밖이 일치하지 않을 때는 끊임없이 에고(ego)가 고개를 들기 때문이다. 따라서 수련에 임하는 사람은 끊임없이 마음을 지키려 노력해야 한다.

19 가치가 몸에 배어 저절로 그 가치를 구현하게 되는 상태이다.

20 『논어(論語)』 자로(子路) 편에서 공자가 한 말이다. 군자는 '화합하지만 부화뇌동하지 않는다.' 반면 소인은 부화뇌동하지만 화합하지 않는다.(小人同而不和) 『장자(莊子)』는 '섞여 있으면서도 동화되지 않았다'(紛而封)고 표현하였다. 양행(兩行)도 같은 맥락이다.

1   국립국어원, 『표준국어대사전』 참조.

2   독일어 사전 Duden에서는 "윤리적인 그리고 종교적인 이상을 실현하기 위한 강한 금욕 그리고 인내하는 삶의 방식(Dudenverlag)"이라 정의하고 있다. 프리드리히 볼프는 "그리스도교적 완덕에 도달하려는 인간적 노력의 모든 행위들", "투쟁과 포기가 동반되는 그러나 결정적인 극복은 아직 성취하지 못한 지속적이고 질서 있는 노력"으로 정의하였다.

3   『가톨릭대사전』에서 같은 그리스어를 극기(克己)로 번역한 김승혜 수녀는 이러한 행위에 들어가는 사례들로 '단식, 절제, 자선, 기도, 순교와 동정'을 들었다. 그는 가톨릭영성전통에서 자주 등장하는 고행(苦行)도 아스케시스의 다른 번역으로 사용하였다.(김승혜, "극기", 『가톨릭대사전』제1권, 한국교회사연구소, 1994. 1037~38 참조)

4   동양과 다른 이해이다. 동양 특히 동아시아 종교 전통에서는 이 준비를 하느님 체험의 조건으로 보는 데 반해 그리스도교에서는 필요조건으로 보지 않는다. 계시 종교는 전적으로 하느님(혹은 초월적 존재)의 의지에 따라 인간의 노력과 관계없이 무상(無償)으로 주어지는 것이다. 그럼에도 그리스도교 영성사에서는 금욕을 중시하였다.

5   그들은 금욕을 물질적 세계의 속박에서 정신을 해방하기 위한 방법으로 보았다.

6   인간들에게 금욕적 상황을 직접 제시한 예로 레위기의 정결 규정, 단식, 성적 절제 등을 들 수 있다. 그러나 성경에 나타나는 이러한 금욕적 요구들이 어떤 맥락에서 왜 제기되있는가의 문제를 해명하지 않으면 그리스도교에 고유한 금욕의 의미를 분명히 찾을 수 없다.

7   "언제나 거리낌 없는 양심을 간직하려고 애씁니다."(행전 24,16)

8   1코린 9장 25절에 동사형 에크레테에타이($\varepsilon\gamma\kappa\rho\alpha\tau\varepsilon\upsilon\varepsilon\tau\alpha\iota$)는 '절제하다'는 뜻으로 쓰였다.

9   예수님이 요청한 수덕적 노력의 진지성은 '가족 안에서 분열을 야기할 만큼 강렬하고'(마태 10,34~36; 루카 12,51~53), 생명으로 나아가는 길에 방해가 되는 모든 장애 요소들로부터 이탈할 준비를 갖추는 것(마르 9,43~47; 마태 18,8~9)을 포함한다. 기도, 단식, 자선과 같이 착한 일을 할 때 자신의 흥미와 유익을 앞세워시는 안 된다. 사람들에게 드러나서는 안 되고 오직 하느님께만 보여야 한다.(마태 6,1~6.16~18)

10 적대자들이 이렇게 빈정댄 것은 분명 예수의 삶에는 단순히 윤리적 금욕을 통하여 자신의 목표를 성취하려는 동기를 갖고 있지 않음을 보여주는 것이다. 예수의 금욕은 아담이 파기한 하느님과의 관계를 새롭게 형성하여 하느님의 구원 계획을 성취하도록 기반을 닦기 위한 것이었다. 이러한 맥락에서 볼 때, 금욕 혹은 그리스도교 수련의 근본정신은 의심 없는 믿음임을 알 수 있다. 이렇게 믿음에 대한 순종을 실천하는 곳에 개별적 금욕이 지니는 의미가 드러난다. 여기서 중요한 점은 금욕이 단순히 인간의 공적(功績)이 될 수 없다는 점이다. 그리스도교에서는 인간은 어떠한 행위로도 자신의 허물을 스스로 없애지 못한다고 본다. 불교나 힌두교처럼 인간이 명상을 통해 스스로 깨우침의 영역 즉 구원 상태에 도달할 수 있다고 보지 않는 것이다. 이들 종교에서는 금욕이 순전히 인간의 업적이다. 그러나 그리스도교에서 인간은 항상 하느님을 신뢰하고 하느님의 용서를 희망해야 하는 존재이다. 바로 여기서 윤리적 금욕을 통해 실현되는 완성이 결코 그리스도인이 추구하는 고립된 목표가 아니라는 사실이 드러난다. 그리스도인은 하느님에 의한 최종 구원의 빛 아래서만 금욕의 목표를 완성할 수 있는 상황에 처해 있다. 예수 그리스도께서 바리사이들의 금욕적 삶을 비난하고 스스로 금욕의 전형이 되셨던 이유도 여기에 있다. 바리사이들은 율법에 따라 철저히 금욕적 삶을 살았지만 그들은 그러한 금욕을 자신의 업적을 쌓는 방편으로만 보았기에 그리스도인의 모범이 될 수 없었다. 이렇게 하느님에 대한 믿음 그리고 하느님에 의한 구원과 밀접한 관련이 있는 그리스도교의 금욕은 금욕의 마지막 계기인 종말론적인 금욕의 빛에서 절정에 이른다.(안명옥, 1994: 1077)

11 Weismayer, 같은 책, 292쪽.

12 유교에서는 매사에 때에 맞게 적절한 행동을 하는 것을 시중(時中)이라
했다. 그런데 이 태도는 이미 무수한 수기(修己)를 통해 경지에 이른
군자(君子)들만이 할 수 있는 것이다.

13 프란치스코 교황은 '이웃집 성인'이라는 표현을 사용하며, 시장에서 남들이
험담을 할 때 그에 동조하지 않는 것과 같은 행동을 제시한다.

2부 3장

1 국립국어원, 『표준국어대사전』 참조.

2 '시간을 채워나간다'는 아마 후자의 방식으로 사는 이들이 얕잡아 보고
표현하는 것일 수 있다.

3 살다보면 어느 삶이 더 우월한지 말하기 어려울 때가 종종 있어 혼란스럽다.
종교를 갖지 않고도 잘 살아가는 이들이 적지 않기 때문이다.

4 '과정 속에 있는 존재'는 목적지에 도달하는 것이 목표가 아니라 이미
과정에서 목표를 부분적으로 실현하는 것이 목표다. '완성에 이르러야
무엇을 할 수 있다', 또는 '하겠다'는 이 말의 본뜻과는 거리가 있다. 이 말은
본래 불완전하지만 이미 목표를 살고 있고, 그 불완전함 속에서 자신의
부족함을 겸손하게 인정하면서도 그 방향을 향해 걸어가는 일을 멈추지
않는다는 뜻이기 때문이다.

5 종교사회학에서는 이런 역할을 하는 것을 '의미 체계(meaning
system)'라고 부른다. 의미 체계는 인생의 목표, 방향, 좌표를 설정하는
기능을 수행한다.

6 교황청 이주사목평의회, 「제2차 세계 순례와 순례지 사목 대회 최종
문서」(2010년 9월 27~30일)

7 이를 귀환의 영성이라 부를 수 있다.

3부 1장

1 Wikipedia(http:en.wikipedia.org/wiki/hospitality) 참조.

2 '정치적 긴장성의 문제는 사적 개인성의 영역이 침해되면서 새로운 국면으로 표출된다. 기술적 도구와 시장논리를 통한 이방인의 열린 접근과 무제약적 환대의 가능성은 나의 사적 수인성을 침범당한 개인들의 반작용을 야기한다. 이것이 극단화되면 특정 정치공동체 내부의 자민족 중심주의, 민족주의, 인종혐오와 같은 왜곡 현상들로 드러나게 된다.' 이상원, '데리다의 환대 개념의 정치적 긴장성', 「평화가제트」(한양대학교 평화연구소, 2017), 8쪽 참조.

3 하느님이 모든 인간에게 유익하도록 땅과 재화를 창조하셨으니 사유재산을 자신의 이기적 목적만을 위해 사용하면 안 된다는 가르침이다.(DOCAT, 146); '2018 제51차 세계 평화의 날 교황 담화', 3항.

4 환대에는 세 가지가 있다. 첫째, 상호적 환대이다. 칸트의 생각이다. 내가 누군가에게 환대를 베풀면 나중에 그도 나에게 똑같이 베풀어야 한다는 생각이다. 설사 같은 정도는 아니라 하더라도 베푸는 이에게 나름 성의를 보여야 한다는 것이다. 둘째, 자기애적 환대이다. 주체가 객체에게 베푸는 일방적 행위이다. 자신이 우월하다는 인정이 전제되어야 환대를 베푼다. 자아실현이 환대의 조건일 뿐이다. 셋째, 무조건적 환대(unconditional hospitality)는 성경에서 나타난 거룩한 책임이다. 보상이나 타인의 환대를 기대하거나 요구하지 않는다. 이희철, 앞의 글, 309~313쪽 참조.

3부 2장

1 회칙은 전 세계 주교들에게 회람하는 문서이다. 사실상 교황의 칙서(勅書)로써 교회법적 효력을 갖는 문서이다. 이러한 문서의 권위 때문에 해당 주제 또는 분야에서 사실상 공식 지침 혹은 기준 역할을 한다.

2 이 회칙은 가톨릭 사회복지 종사자는 물론 모든 가톨릭 신자들이 사랑을 실천할 때 지침으로 삼아야 할 '헌장'의 역할을 담당하기도 한다.

3   예루살렘에서 약 25킬로미터 떨어져 있는 동네, 두 장소 사이에는 민가가
    없는 사막이라 자주 강도가 출몰하였다고 한다(정양모, 1984: 107).

4   마리아 루이사 디 피에트로는 사마리아인이 착한 이유에 대하여 그가
    선험적으로가 아니라 그가 타자 안에서 인간에게 속한 것과 존엄성을
    공유할 수 있었기에 착하다고 한다. 그래서 구차한 동정이나 자선을 넘어선
    것이라 평가한다. "그가 처음 타자를 인식하는 데서 한 발 더 나아갈 때, 착한
    사마리아 사람은 타자에 대한 단순한 동정심에서가 아니라 그가 고통당하는
    이들과 함께하기 위해 이기적인 자아를 극복할 수 있는 연민에 사로잡힌
    것이다. 연민은 다른 사람의 고통에 무관심하고, 무감각하도록 내버려두지
    않고, 고통당하는 이들과 연대하도록 부른다." (박문수, 2009: 315)

5   그가 직접 세운 남자 수도회를 1회, 직접 세운 여자 수도회를 2회, 직접
    설립하지 않았으나 그의 정신을 따라 살기위해 설립된 또는 그의 영성을
    따르는 수도회들이 3회이다.

6   통상 가톨릭 수도자들은 수도자가 될 때 청빈, 정결, 순명 세 가지 서원을
    한다. 따라서 제4서원은 여기에 한 가지 서원을 더 한다는 뜻으로, 여기에
    많은 비중을 둔다는 뜻이다.

7   여기서 열거한 성인들의 삶과 업적에 대한 더 구체적인 자료는 한국 천주교
    주교회의에서 발간하는 「가톨릭 사회복지」 33호~35호 참조. 그리고
    이 부분은 필자가 집필한 『하느님은 사랑이십니다』 해설 2~4(「가톨릭
    사회복지」 36호)에서 재인용하였다.

8   성 요한 바오로 2세 교황은 이것을 당신의 사도적 권고 『가정공동체』 11항
    에서 다음과 같이 말하고 있다. "인류를 당신의 모습으로 창조하시고 계속
    존속케 하심으로써, 하느님께서는 남자와 여자의 인간성 안에 사랑과
    일치의 소명, 능력, 책임을 부여하셨습니다. 그러므로 사랑은 모든 인간의
    기본소명이고 타고난 소명입니다."

9   교황은 이 회칙에서 에로스가 황홀경과 같은 측면이 있는 것으로 본다.
     교황은 "에로스는 '황홀경'의 상태에서 신에게로 올라가고, 우리 자신을
     초월하게 하는 경향이 있는 것이 사실"(DCE 5항)이라고 하면서 남녀 간의
     에로스적인 열정이 때로 이타적으로 변하는 원인을 여기서 찾는다.

10   가톨릭 신자들 간에 사제의 주례로 혼인예식을 치루는 것을 가리킨다.

11   리비오 멜리나는 "'하늘과 땅에 있는 모든 종족이 이름을 받는 아버지 앞에서
     무릎을'(에페 3,14) 꿇지 않고 아비와 어미가 될 수 없다는 사실, 그리고 항상
     아이가 오는 곳은 저 너머 어디"라고 말한다 (박문수, 2010: 117).

12   '보는 마음'은 주체인 나의 관점이고, 레비나스의 얼굴의 현현은 나를
     바라보는 대상 곧 타자의 관점이다. 그리스도교적 사랑은 이 방향 모두에서
     불러 일으켜진다. 그러나 베네딕토 16세 교황의 이 회칙에서 '보는 마음'은
     '타자의 시선'이 불러일으키는 사랑의 차원을 포함하지 않았다.

참고 문헌

강남순, "코즈모폴리턴 환대의 신학-필요성과 불가능성의 경계에서", 「기독교사상」
    (2014년 8월호).

강영안, 『타인의 얼굴-레비나스의 철학』, 문학과지성사, 2005.

____, "일상성과 주체성", 『정신문화연구』 20호(2), 한국학중앙연구원, 1997.

교황청정의평화평의회, 『간추린 사회교리』(제2판), 한국천주교주교회의, 2016.

구미정, "네 친구의 집은 어디인가-탈북자 이웃을 환대하기", 「현상과 인식」(41
    1/2), 2017.

김상우, "일상생활의 사회학의 현황과 전망", 『문화와 사회』 1, 한국문화사회학회,
    2006,

김승혜, "극기", 『가톨릭대사전』제1권, 한국교회사연구소, 1994.

김용환, "공감과 연민의 감정의 도덕적 함의", 「철학」(76), 2003.

김우선, "국제이주와 가톨릭교회", 「한국사회학」(43집 2호), 2009.

김정우, "교황 베네딕토 16세의 회칙 「하느님은 사랑이십니다」에 대한 윤리신학 적
    소고", 『가톨릭신학』(10: 5~54), 2008.

박문수, "평신도의 일상영성", 『가톨릭평신도영성』, 사람과 사랑, 2018.

____, 『교회의 소명인 인간발전』, 평사리. 2015.

____, "교황 베네딕토 16세의 회칙 「하느님은 사랑이십니다」 해설 1", 『가톨릭
    사회복지』(통권33호. 4~18), 2010.

____, "교황 베네딕토 16세의 회칙 「하느님은 사랑이십니다」 해설 2", 『가톨릭
    사회복지』(통권34호. 4~18), 2010.

____, "교황 베네딕토 16세의 회칙 「하느님은 사랑이십니다」 해설 3", 『가톨릭
    사회복지』(통권35호. 4~18), 2011.

____, "교황 베네딕토 16세의 회칙 「하느님은 사랑이십니다」 해설 4", 『가톨릭

사회복지』(통권36호. 4~18), 2011.

베네딕토 16세, 『진리안의 사랑』(Caritas in Veritate), 한국천주교중앙협의회,
    2009(제1 판 1쇄) 참조.

성 요한 바오로 2세, 『평신도 그리스도인』, 한국천주교중앙협의회, 1988.

안명옥, "금욕", 『가톨릭대사전』제1권, 한국교회사연구소, 1994.

오현선, "사람의 연대와 하나님의 연민", 「한국여성신학」(82), 한국여신학자협의회,
    2016.

이병하, "난민 위기의 원인과 해결책 그리고 환대의 윤리", 「국제정치논총」(57.4),
    2017.

        , "환대 개념과 이민정책: 이론적 모색", 「문화와 정치」(제4집 2호), 2017.

이상원, "데리다의 환대 개념의 정치적 긴장성", 「평화가제트」(한양대학교
    평화연구소, 2017-G4)

이희철, "화해의 현상으로서 환대", 「한국기독교신학논총」86(1), 한국기독교학회,
    2013.

정양모, 『루가 복음서』, 왜관: 분도출판사, 1984.

        , 『마태오 복음서』, 왜관 : 분도출판사, 1990.

제2차 바티칸공의회, 『제2차 바티칸공의회 문헌(개정판)』, 한국천주교주교회의,
    2007.

Byung-Chul Han, *Die Austreibung des Anderen*(이재영 역, 『타자의 추방』,
    문학과지성사, 2017.)

Carson T., *The New Catholic Encyclopedia*, N.Y. : McGraw Hill, 2002.

Charles M. Murphy, *The Spirituality of Fasting*, Ave Maria Press, 2009.

Emmanuel Levinas, *Totality and Infinity, Duquesne*, 2010.

        , De l'existence à l'existant, Paris: J. Vrin, 1990.

Evagrius Ponticus, *Praktikos*(『프락티코스』, 허성석 역주, 2쇄, 분도출판사,
    2015.)

Fernando L., *Saints and Their Symbols: Recognizing Saints in Art and in
    Popular*, Liturgical Press, 2004.

Francisco Salesio, *The Introduction to Devout Life*(『신심 생활 입문』, 서울가르멜여자 수도원, 가톨릭출판사, 2015.)

Friedrich Wulf, *ASZESE*, in HThG I 111~20(Zitat: 113)

Hildebrandt. D., *Marriage : the mystery of faithful love*(『혼인, 충실한 사랑의 신비』, 박문수 역, 사람과 사랑, 2011.)

Ignatius de Loyola, *Spiritual Exercises*(『영신수련』, 이냐시오 영성연구소, 2015.)

IOM, *World Migration Report 2018*, Geneva, IOM, 2017.

Jacques Derrida, *De L'Hospitalité*(남수인 역, 『환대에 대하여』, 동문선, 2004.)

John Koenig, *New Testament Hospitality*(김기영 역, 『환대의 신학』, 한국장로교출판사, 2002).

Jordan Aumann, *Christian Spirituality in the Catholic Tradition*(『가톨릭 전통과 그리스도교 영성』, 이홍근·이영희 역, 분도출판사, 2011.)

Josef Weismayer, *Leben In Fülle: Zur Geschchte und Theologie Christlicher Spiritualität*(『넉넉함 가운데서의 삶: 그리스도교 영성의 역사와 신학』, 분도출판사, 1996)

Lake K., *The Apostolic Fathers Vol 2, London : W. Heinemann*, 1912. NCR I, pp. 936~944.

Maloney, G.A., *Breath of Mystic*(『현대인의 영성-신비가의 숨』, 유봉우 역, 분도출판사, 1996.)

Melina L., *Learning to love in the School of John Paul II and Benedict XVI* (『가톨릭 사랑학의 계보』, 박문수 역, 사람과 사랑, 2010.)

Melina L., and Anderson C.A., *The Way of Love : The Reflections on Pope Benedict XVI's The First Encyclical Deus Caritas Est*(『사랑의 길』, 박문수 역, 사람과 사랑, 2009.)

Pontifical Council for the Pastoral Care of Migrants and Itinerant People, *Instruction Erga Migrantes Caritas Christi*(교황청 이주사목평의회, 「이민들을 향한 그리스도 의 사랑」, 한국천주교중앙협의회, 2004.)

Pope Benedict ⅩⅥ, *Deus Caritas Est*(교황 베네딕토 16세, 『하느님은 사랑이십니다』, 한국천주교중앙협의회, 2006.)

Pope Francis, "Message of His Holiness Pope Francis for the 104th World Day of Migrants and Refugees 2018, "Welcoming, protecting, promoting and integrating migrants and refugees", 2017.8.15.(한국천주교중앙협의회, 「교황 성하의 2018년 세계 이민의 날 담화」, 2017.8.15.)

, Message of His Holiness Pope Francis for the Celebration of the 51st World Day of Peace, Migrants and Refugees: Men and Women in Search of Peace(한국천주교중앙협의회, 「프란치스코 교황 성하의 제51차 세계 평화의 날 담화, 이민과 난민: 평화를 찾는 사람들」(2017.11.13.)

, *Gaudate et Exultate*(『기뻐하고 즐거워하여라』, 한국천주교중앙협의회, 2018.

Rachner, Karl, *Alltägliche Dinge*(『일상』, 장익 역, 분도출판사, 2010.)

UNHCR, *UNHCR Global Trends: Forced Displacement in 2016*, Geneva, UNHCR, 2017.

William Johnston, *Mystical Theology*(『신비신학 : 사랑학』, 분도출판사, 2007.)

지은이

박문수 프란치스코

연세대에서 신학을 공부하고, 서강대 대학원 종
교학과에서 가톨릭 신학 전공(실천신학)으로 석
사·박사학위를 받았다. 2020년 8월에는 북한대
학원대학교에서 논문 『샌프란시스코 체제와 북
한』으로 북한학(정치통일전공) 박사학위를 받았다.
주요 논문으로 "정보사회의 그리스도교 : 가톨
릭교회의 미래전망", 『한국 가톨릭 어디로 갈 것
인가』(서광사, 1997) 외 70편이 있고, 지은 책으로
는 『디지털 영성』 외 공저 포함 25권, 번역서는
요한 바오로 2세 성인의 『희망의 문턱을 넘어』
(1994) 외 공역 포함 9권이 있다.
가톨릭평신도영성연구소 소장, 한국가톨릭문화
연구원 부원장을 역임했고, 현재는 천주교 의정
부교구 가톨릭동북아평화연구소 운영연구위원,
천주교 의정부교구 사목연구소 초빙연구원, 한
국 가톨릭문화연구원 연구위원, 팍스 크리스티
코리아 연구이사로 활동하고 있다.